密因為大因 得成菩提故 了義為大義 稱實理說故

大佛頂首楞嚴經

萬行為大行 如實修行故 楞嚴為大定 王三昧故

（唐）天竺沙門般剌密諦譯師◎翻譯

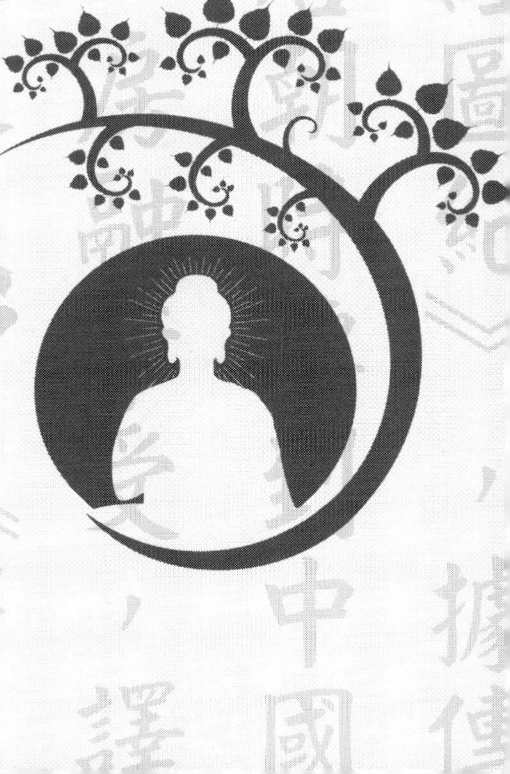

【目　錄】

眞常系寶典：楞嚴經

編輯部

一

《楞嚴經》的全名是《大佛頂如來密因修證了義諸菩薩萬行首楞嚴經》，又名《中印度那爛陀大道場經》，是真常系的重要經典。

傳說《楞嚴經》在還沒傳入中國之前，乃是印度的稀世法寶，藏諸內府，禁傳國外。有位印度僧人看到天臺智者大師所立的三觀和《楞嚴經》的意旨相符，於是向智者大師提示，因此智者大師殷切的向西拜求，希望此經早日傳到中國（天臺山拜經臺遺跡即緣於此事）；這一拜拜了十八年，仍不得見此經東傳。

本經譯主般剌密諦是位才智兼備的天竺法師，通四方之語，固有志將本經流傳中國，準備匿藏出國時，被守邊的關吏查獲而不許出國，然而法師弘法之願彌堅，乃將經文寫在極細的白氎上，剖開臂膊藏在裡面，等待瘡口癒合後，關吏搜查不到，而經海路在唐朝神龍元年到達廣州。當時宰相房融被貶謫到廣州，任南詮知事，知道此事，即恭請法師到制止寺，剖膊取出經書，待譯經畢再歸國承罪；其不惜身命，重法輕身，度化中土衆生，真是功德無量。

本經由般刺密諦主譯，彌伽釋迦負責梵音翻華語，而房融於譯成後加以潤飾，因此文字優美雅潔，文筆流暢易懂，甚爲我國士林所重。由於本經簡潔扼要，而得以廣爲傳佈，所以雖然有僞經之疑，卻絲毫不能動搖本經在中國佛教的重要地位。

二

佛教本身雖然是宗教，然而它的哲學理論往往超出宗教的範疇，而且由於佛教從人生的本位去證驗宇宙，因此佛教除了具有哲學的論據，更具有科學的證驗，這在《楞嚴經》更可以明顯的看得出來。

整部《楞嚴經》以說理爲主，論事爲輔。閱讀本經，彷彿參與一場哲學論證大會，所探討的全是宇宙人生的根本問題。由於本經的內容包含了修行心理的分析，修行方法及其條件的介紹，修證現象的指點，修行過程中聖境與魔境的分辨，更是做爲修證的重要典籍。

本經的緣起從阿難尊者乞食城中而墮淫室開始，阿難尊者雖被咒術攝登淫席，然而由於心念能不動搖，所以在摩登伽女的媚惑下，猶能不毀戒體。

實際上，阿難與摩登伽女的際遇，祇不過是本經的引子而已，從這裡點出飲食男女乃是人生的一大苦惱，最後則結以修證解脫方法之不易原則。

阿難在佛陀解除他的淫難之後，爲求開佛知見，而殷勤啓請：「十方如來得成菩提，妙奢摩他、三摩，禪那，最初方便。」佛陀在這時先徵審阿難心目所在的處所，然後提示真心的問題，所謂七處徵心，以明真心的真相，繼而開演真心與妄心的兩種根本，藉客塵來顯明見性不動。

在第二卷，佛陀為了使人明瞭肉身死後的問題，而提示波斯匿王關於常與無常的事。隨後引出阿難尊者關於真性實相的發問，才有佛陀「八還辨見」的開解，這也說明五陰身心的虛妄，各如來藏性的真實常住。

而在第三卷裡，佛陀不但指斥五陰為虛妄，也批評六入、十二處、十八界以及七大等所謂生理、物理、心理、宇宙萬象、時間、空間都是虛妄暫有的假體，概括了自然科學理論與哲學原理。阿難尊者因而開悟，乃至於楞嚴會上的大眾皆知真心遍滿十方的道理。

第四卷則說明富樓那尊者在辨理愈精，而實際愈迷的情況下，猝然發問，請教佛陀關於地、水、火、風、空等五大圓融之由，亦即山河大地，諸有為相，為何而來？佛陀乃對他開示如來藏本妙圓心，證驗菩提、涅槃、真如、菴摩羅識、佛性、空如來藏、大圓鏡智等七種常住果的問題，道出物質世界與眾生世界之形成。

在第五卷，佛陀應阿難之請說明解脫之法，以華巾作成六結，譬喻身心六根結縛之因由，以「虎項金鈴，繫者解得」，說明六解一亡的道理。繼之，佛陀命與會二十四聖自述修持解脫的經過與證驗。

第六卷則由第二十五圓通之觀世音菩薩的次第解結，修證了悟的經過，說到由耳根而得到圓滿通達的真理後，爲了濟度衆生妙應三十二應身，並詳細說明觀世音菩薩如何獲得十四種無畏，四種不思議無作的妙德，而以觀世音菩薩的耳根圓通爲娑婆世界最適當的修持法門做結論。

第七卷中，佛陀應阿難尊者之請，說出〈大佛頂首楞嚴神咒〉，並讚歎此一神咒的功德，兼及阿難尊者四十四心的問題。

第八卷則由清淨緣起，歷成諸聖位說起，談及三種增進修行漸次的急要，提示四食五辛的問題，永斷淫念、不餐酒肉、不行偷竊、不向六塵外逸、反流全一、六用不行、獲得安隱等問題，從而談到乾慧、十信、十住、十行、十迴向、四加行、十地、等覺，乃至妙覺的佛果，並說明善惡果報，辨明十習之因，六報之果，由此墮入地獄的情形，然後地獄報滿，出而轉入鬼道、入畜生道、入人道，再論及十種仙道，六欲天界等報。

第九卷則依於梵行而修至色界四禪天，又依於清修而入五不還天，入於四種無色界天，並論及阿修羅類，廣泛的開示七趣流轉的差別，意旨則在顯妙戒，方能成妙慧。

第十卷則由五陰的行陰談到外道所主張的二無用論、四種遍常論、四種顛倒見，乃至五現涅槃論等外道的十種邪解，詳細的闡明五陰的魔境，旨在顯妙慧，成就妙戒。

三

《楞嚴經》雖然全部祇有十卷，其實是一大藏經教的都序，以教、行、理三者互為因緣，不僅定慧齊運，並且禪教同歸，是諸佛的祕藏，修行的妙門，迷悟的根源，真妄的大本。

如果能實踐本經所開示的楞嚴大定，不僅能見自己性覺妙明本心，亦必能體認山河大地無不是妙明真心所現之物；取證楞嚴圓照三昧，悟證妙明本心，得大乘法印，直趣菩提涅槃妙果。

總釋名題

圓瑛弘悟法師

題爲全經之總，經乃一題之別；全經要義，萃於一題，欲識經中別義，須解法題總綱。凡釋題者，當知經家，既以題目冠列經前，而釋題者，自應據經而取其義。如密因、了義等，即當說是何等法，經中何文即是，未可儱侗拈弄，而與經文毫不相涉。若徒事論量文體，不依解釋文體，安能令文義雙暢乎？此題，乃佛自命五名中，結集者，揀擇重要，略取十九字，合成一題。前三字，分取第一題；中八字，全取第三題；後八字，分取第五題。名異諸經，故謂之別題。經之一字，凡是經藏，諸部同名爲經，故謂之通題。今先約別題，依古判定，後合通別，逐句分釋：

一切諸經，別名無量，按古德所判，不出七種立題：以人、法、喻三字，單字三種，雙字三種，具足一種。一單人：如《佛說阿彌陀》；二單法：如《大涅槃》；三單喻：如《梵網》；四人、法：如《地藏菩薩本願》；五人、喻：《如如來師子吼》；六法、喻：如《妙法蓮華》；七人、法、喻：如《大方廣佛華嚴》。此經以人、法爲題。「如來」是果人，「菩薩」是因人，「密因」是理法，「了義」是教法，「萬行」是行法，「首楞嚴」是果法；故以人、法爲題，亦可略兼於喻。以「佛頂」二字，非舉相似之物，比類發明，乃舉直稱法體之「佛頂」，以表勝妙，故曰略兼於喻。此

依古判定，下逐句分釋：

「大佛頂」三字，爲能讚能表，下之四法，爲所讚所表。「大」者，稱讚之詞，讚下四法，猶言大矣哉是經也！則知「密因」爲大因，得成菩提故；「了義」爲大義，稱實理說故；「萬行」爲大行，如實修行故；「楞嚴」爲大定，王三昧故；具此諸大，是爲大經。首標「大」者，意令受持是經者，當依大教解大理；稱大理起大行；滿大行證大果，故以讚之。「佛頂」表顯之義。「佛頂」，即佛肉髻相上，無見頂相也，乃三十二相之第一相。肉髻在青螺紺髮正中，周圍紅色，狀如春山吐日。佛初生

時，嵐毗尼林神，爲佛乳母，捧持諦觀，不見其頂；又佛成道後，遊化波羅奈國，東方應持菩薩，欲窮「佛頂」，上歷恆沙佛土，終不能見。此不屬於有，而能放光化佛，又不屬於無，雙離有無，是之謂妙；表下四法，猶言妙矣哉是教也！則知「密因」爲妙因，因心果覺，二不別故；「了義」爲妙義，一門深入，六根清淨故；「萬行」爲妙行，稱真如理，中中流入故；「楞嚴」爲妙定，自性本具不假修成故；具此諸妙，是謂妙法。表以「佛頂」者，意令受持是經者，當依發妙耳門之妙教，悟「如來」藏性之妙理；從妙理起妙行；滿妙行證妙果（即妙覺極果，圓滿菩提，歸無所得。），故以表之。結集者，取此三字，冠於經題之首，令知所讚所表，必非權漸教也。

「如來密因」：如來，是諸佛通號。佛有十號，如來爲第一號，乃倣同先德號；以佛佛道同，後佛如先佛之再來，故曰如來，此約普通解釋。今按本經，終實教義，如爲本覺，來爲始覺。依本覺，不生滅之理性，起始覺，回光返照之觀智，依妙智證妙理，始覺與本覺合一，名究竟覺，方成佛道，方稱如來。

更約三身釋之：身者，積聚之義。一、法身如來：梵語毗盧遮那，華言徧一切處，此積聚理法以為身；真如妙理，猶若虛空，徧一切處。經云：「常住妙明，不動周圓，求於去來，迷悟生死，了無所得。」即法身義。二、報身如來：梵語盧舍那，華言淨滿，此積聚智慧以為身；諸惑皆淨，智慧圓滿。經云：「明極即如來，」即報身義。三、應身如來：千百億化身，隨機應現，此積聚機緣以為身；如有可度機緣，即現八相成道。經云：「自覺已圓，能覺他者，如來應世。」即應身義。今連下「密因」二字，當屬報、應二身如來。

「密因」，揀非事相修行，顯因可見者。而曰「如來密因」，即是十方如來，得成果覺，所依之因心；亦即一切衆生，所具之根性，為菩提涅槃，本元清淨之體；可為修證果覺之因地心。十方如來，皆依此不生不滅為本修因，然後圓成果地修證；衆生人人本具，迷而不覺，未能依之修證，故謂之「密」。又，此不特是因性，亦即是果性。以如來雖證極果，不離正因，所謂因該果海，果徹因源也。問：「既即果性，何復名因？」答：「須見此不生不滅之根性後，方是究竟果覺之因，更須依此圓湛不生滅性，成爲因地心，稱性起修，始獲究竟果覺，即此一性，而能通因徹果，故如來破識顯根，即顯此密因也。」

又，「密因」二字，遣五種人過。「密」之一字，遣凡夫、外道、權教、小乘四種人過。以彼不達，「密」具不生滅之根性，即是成佛真因，反認意識爲心，錯亂修習，塵劫劬勞，終無實果。第一卷文云：「諸修行人，不能得成無上菩提，乃至別成聲聞、緣覺，及成外道，諸天魔王，及魔眷屬，皆由不知二種根本，錯亂修習，猶如煮沙，欲成嘉饌，縱經塵劫，終不能得。」佛欲令人捨妄本，而依真本也。「因」之一字，遣利根狂慧人過。以彼未明所具不生滅之根性，但是正因佛性，須假了、緣二因，正因方顯。遂乃自恃天真，本來是佛，頓捐修證，不依方便進修，終無得證。如鑛雖是金，不假煆煉，終久是礦，不能成金。

然此「密因」，即二種根本中真本。經云：「無始菩提涅槃，元清淨體，則汝今者，識精元明，能生諸緣，緣所遺者。」衆生在迷，非失說失，實則人人本具，所應取爲本修因者。十方如來，得成菩提，靡不依此因心，而成果覺。此之「密因」，即是寂常心性，奢摩他體；十番顯見，顯此「密因」，非惟近具根中，實則遠該萬法。會四科惟是本真，融七大無非藏性，明三種生續之因，示五大圓融之故，全彰三藏，不離一心；如來「密因」之旨，顯發無遺矣。題中此一句，經中占三卷半之文，即答阿難所請三名中，妙奢摩他。第一卷阿難求示真心，文云：「開示我等，奢摩他路。」此三如來藏性，即自性本定，而能開解照了於此者，即奢摩他微密觀照也。

「修證了義」：即稱「密因」，所起之修證也。由阿難聞佛極顯「密因」，天然本具，頓悟藏性，圓滿周徧，喻如天王，賜與華屋，求門而入。而如來爲答三摩提，妙修行路，分門以定二義：一、決定以因同果，澄濁頓入涅槃義。二、決定從根解結，脫纏頓證圓通義。擊鐘，驗聞性真常不滅；現佛，證涅槃生死無他；綰巾，以示結解倫次；冥授，以選此方本根。蓋必一門深入，逆彼無始，織妄業流，解六結而越三空，方為「了義」之修；獲二勝而發三用，方為「了義」之證。

「了義」復含二意，與通常之解不同：

一、用根不用識：用識，則以生滅心，為本修因，而求佛乘，不生不滅，無有是處。經云：「諸修行人，不能得成無上菩提，乃至別成聲聞、緣覺」等，故非「了義」。用根，則依不生滅，圓湛性成，然後圓成，果地修證。經云：「若棄生滅，守於真常，常光現前，根塵識心，應時銷落，」乃至「云何不成，無上知覺」，故為「了義」。又特選耳根圓通，文殊白佛言：「佛出娑婆界，此方真教體，清淨在音聞，欲取三摩提，實以聞中入。」更是「了義」中之「了義」耳。以其超諸聖而獨妙，為三世之通軌。經中佛告富樓那云：「如來今日，普為此會，宣勝義中，真勝義性。令汝會中，定性聲聞，及諸一切，未得二空，迴向上乘，阿羅漢等，皆獲一乘，寂滅場地，真阿練若，正修行處。」當知勝義，即「修證」之「了義」，耳根圓通，乃「了義」中真「了義」耳。

二、稱性不著相：著相之修，爲事相之染修，著相之證，爲新成之實證，未悟圓理，均非「了義」。稱性之修，乃從聞、思、修，入三摩地，如幻聞熏聞修，金剛三昧，但向一門深入，而得六根解脫，修即無修；稱性之證，生滅既滅，寂滅現前，乃發現其本有家珍，證亦無證；「此是微塵佛，一路涅槃門」方爲「了義」。至若道場定慧，神咒利益，無非「修證」圓通加行，亦即「了義」也。題中此一句，經中占三卷半之文，即答阿難所請三名中妙三摩之問。第四卷，佛云：「汝等決定發菩提心，於佛如來，妙三摩提，不生疲倦，應當先明發覺初心，二決定義。」決定義，亦即「了義」。依此「了義」，「修證」自性本定，得耳根圓通，所謂「如幻三摩提，彈指超無學」，而「修證了義」之旨，更無餘蘊矣。

「諸菩薩萬行」：「菩薩」，梵語具云「菩提薩埵」，此方人有好略之習慣，簡稱菩薩。菩提譯云覺，薩埵譯云有情，乃大道心衆生之稱。今作三義釋之：一、已經覺悟我、法二空之有情；二、能覺法界，無量諸有情；三、智悲並運，自他兩利，運智，上求佛覺以自利；運悲，下度有情以利他。修諸波羅蜜，乃如來道前之號，自覺覺他，以求大圓滿覺。而言諸者，通指五十五位也。

「萬行」，即稱圓通體，所起之無作妙行也。如觀世音菩薩，三十二應，十四無畏，四不思議，雙躡前奢摩他，即定之慧；三摩，即慧之定；定慧圓融，中中流入薩婆若海。如十信，全根力而植佛種；十住，生佛家而為佛子；十行，廣六度而行佛事；十回向，回佛事而向佛心；四加行，泯心佛而滅數量；十地，契真如而覆涅槃；等覺，齊佛際而破生相。其「行」應有無量，今言「萬」者，但明其多，非局定數也。要之，此「行」根柢於三如來藏性，歸極於四無礙法界，請詳十行，後五行自知。

問：「五十五位諸菩薩，應是證位，今以位為行，豈不屈證為修耶？」答：「諸位正是因行未滿，深入真修之行位也。不是極果之位，若是修終，祇有佛位。」

問：「此位為行則圓通『了義』之修，應不具『萬行』。」答：「理具而非事造也。雖圓融勝解，念念具足諸度，以初心貴在精專，但反聞自性，不兼『萬行』，故但稱『了義』。」問：「『了義』之證，不攝諸位耶？」答：「此有二義：一、但證圓通體，初發二勝用，是故不攝；二、圓人所修，一證一切證，一位即攝一切位，初心、究竟，二不別故。」

又前言「修證」，推重圓通，此分階級，對治狂慧，令知理雖頓悟，乘悟併銷；事非頓除，因次第盡；究竟圓融不礙行布，行布不礙圓融。題中此一句，經中占半卷之文，即答阿難所請三名中妙禪那之問。第八卷結經名後，阿難兼聞此經，「了義」名目，頓悟禪那，「修證」聖位，顯是住持自性本定，入於如來妙莊嚴海，圓滿菩提，歸無所得。安定經文，問答相應，已盡正說全經，歷收大定別目，故結經名，至七趣五魔，五陰妄想，自是經外餘意，別詳初心緊要，以戒慧助定而已。

「首楞嚴」者，大定之總名也。圓含妙奢摩他、三摩、禪那三種別名，而成一定全體，迥不同於常途，工夫引起之定，亦不同於起心對境之定，此自性定耳。《涅槃經》佛自釋「首楞嚴」爲「一切事究竟堅固」。而古德即明其爲徹法底源，無動無壞。經中自顯見起，至四卷半，圓彰藏性止，極明一切事，究竟堅固之理；會四科即性常住，融七大，即性周徧，即所謂徹法底源，無動無壞也。

今釋此定，二義料揀：一、此是圓定：不但獨取自心不動，乃統萬法，悉皆本來不動，爲一定體，聞所謂「日月經天而不動，江河競注而不流」，故稱爲圓。經云：「常住妙明，不動周圓。」不然，何以爲一切事，究竟堅固之定哉！據此凡不兼萬有，獨制一心者，皆非圓定也。二、此是妙定：正以性本自具，天然不動，不假修成，縱在迷位，其體如故，即所謂「長安雖鬧，我國安然」，故稱爲妙。經中飛光親驗，雙離動靜，不然，何以爲徹法底源，無動無壞之定哉！據此凡不即性，而別取工夫者，皆非妙定也。

合此圓妙二義，故爲首楞嚴王三昧。自發解起行，直至歷位成佛，從始洎終，中間永無諸委曲相，亦無出退，非常途之定，有入、住、出。入之則有，出之則無，在定縱經多劫，必以靜而礙動；出定略涉須臾，必以動而礙靜，皆非圓妙大定也。此經前自請定，後至結名，乃爲正說。經中前半全談藏性，所以開發圓通；後半全說圓通，所以修證藏性，始終不出一定耳。當知三定，不出三因佛性。奢摩他，全取四卷半前，所顯正因佛性，略兼了因爲定體；了因慧心開發，當機承教解悟，朗然照體現前，即此照體，爲了因佛性，名奢摩他微密觀照。然解從性發，乃即定之慧也。三摩，亦取所顯正因佛性，略兼緣因爲定體；緣因善心開發，選根直入，從聞、思、修入三摩地，乃爲出世善法，即緣因佛性，然行依解起，乃即慧之定也。

禪那，全取正因佛性，雙兼了緣二因爲定體；寂照雙行，不浮不沉，不昏不散，即定慧均等，中中流入，妙莊嚴果海也。今合三定別名，成一大定總名；復攝大定總別，爲一全部經題，共十九字，是別題，屬所詮之法。

「經」之一字是通題，爲能詮之文，即詮上四種實法。梵語修多羅，華言契經。上契諸佛所說之理，下契衆生可度之機。又此方聖教稱經，今譯契經，顯是西域聖教，具貫、攝、常、法四義。貫，則貫串所應知之義，令不散失故；攝，則攝受所應度之機，令得解脫故；常，則盡未來際，萬古不能易其說；法，則極十方界，衆生所應遵其軌。此經亦具四義：貫串妙奢摩他、三摩、禪那，所應知之義；攝受親因，度脫阿難，及性比丘尼，得菩提心，入徧知海；常、法二義，如圓通法門：「過去諸如來，斯門已成就，現在諸菩薩，今各入圓明；未來修學人，當依如是法。」十方三世，共遵不易，豈非法、常義耶？餘義避繁不錄。總釋名題竟。

大佛頂首楞嚴經卷第一

如是我聞；一時，佛在室羅筏城，祇桓精舍，與大比丘衆千二百五十人俱，皆是無漏大阿羅漢。佛子住持，善超諸有，能於國土，成就威儀，從佛轉輪，妙堪遺囑；嚴淨毗尼，弘範三界，應身無量，度脫衆生，拔濟未來，越諸塵累。其名曰大智舍利弗、摩訶目乾連、摩訶拘絺羅、富樓那彌多羅尼子、須菩提、優波尼沙陀等，而爲上首。復有無量辟支、無學，並其初心，同來佛所，屬諸比丘休夏自恣。十方菩薩，諮決心疑，欽奉慈嚴，將求密義。即時，如來敷座宴安，爲諸會中，宣示深奧，法筵清衆，得未曾有！迦陵仙音，遍十方界；恆沙菩薩，來聚道場，文殊師利而為上首。

時，波斯匿王為其父王諱日營齋，請佛宮掖，自迎如來，廣設珍饈無上妙味，兼復親延諸大菩薩；城中復有長者居士，同時飯僧，佇佛來應。佛敕文殊，分領菩薩及阿羅漢，應諸齋主。唯有阿難，先受別請，遠遊未還，不遑僧次，既無上座及阿闍黎，途中獨歸，其日無供。即時，阿難執持應器，於所遊城次第循乞。心中初求最後檀越以為齋主，無問淨穢，剎利尊姓，及旃陀羅方行等慈，不擇微賤、發意圓成一切眾生無量功德。阿難已知，如來世尊，訶須菩提，及大迦葉，為阿羅漢，心不均平，欽仰如來，開闡無遮，度諸疑謗。經彼城隍，徐步郭門，嚴整威儀，肅恭齋法。

爾時，阿難因乞食次，經歷淫室，遭大幻術，摩登伽女，以娑毗迦羅先梵天咒攝入淫席，淫躬撫摩，將毀戒體。如來知彼，淫術所加，齋畢旋歸，王及大臣、長者、居士，俱來隨佛，願聞法要。於時，世尊頂放百寶無畏光明，光中出生千葉寶蓮，有佛化身，結跏趺坐，宣說神咒，勅文殊師利將咒往護，惡咒銷滅，提獎阿難及摩登伽歸來佛所。阿難見佛，頂禮悲泣，恨無始來，一向多聞，未全道力。殷勤啓請十方如來，得成菩提、妙奢摩他、三摩、禪那，最初方便。於時復有恆沙菩薩，及諸十方大阿羅漢、辟支佛等，俱願樂聞，退坐默然，承受聖旨。

佛告阿難：「汝我同氣，情均天倫，當初發心，於我法中見何勝相，頓捨世間深重恩愛？」阿難白佛：「我見如來三十二相，勝妙殊絕，形體映徹，猶如琉璃；常自思惟：此相非是欲愛所生，何以故？欲氣麤濁，腥臊交遘，膿血雜亂，不能發生勝淨妙明，紫金光聚。是以渴仰，從佛剃落。」佛言：「善哉！阿難！汝等當知：一切衆生，從無始來，生死相續，皆由不知常住真心，性淨明體，用諸妄想，此想不真，故有輪轉。汝今欲研無上菩提，真發明性，應當直心，酬我所問。十方如來，同一道故，出離生死，皆以直心，心言直故，如是乃至終始地位，中間永無諸委曲相。阿難！我今問汝：當汝發心，緣於如來三十二相，將何所見？誰爲愛樂？」阿難白佛言：「世尊！如是愛樂用我心目，由目觀見如來勝相，心生愛樂，故我發心願捨生死。」

佛告阿難：「如汝所說，真所愛樂，因於心目，若不識知心目所在，則不能得降伏塵勞。譬如國王爲賊所侵，發兵討除，是兵要當知賊所在。使汝流轉，心目爲咎。吾今問汝：唯心與目，今何所在？」阿難白佛言：「世尊！一切世間，十種異生，同將識心，居在身內，縱觀如來，青蓮花眼，亦在佛面；我今觀此浮根四塵，祇在我面，如是識心，實居身內。」佛告阿難：「汝今現坐如來講堂，觀祇陀林，今何所在？」「世尊！此大重閣，清淨講堂，在給孤園；今祇陀林，實在堂外。」「阿難！汝今堂中先何所見？」「世尊！我在堂中，先見如來，次觀大衆，如是外望，方矚林園。」「阿難！汝矚林園，因何有見？」「世尊！此大講堂，戶牖開豁，故我在堂，得遠瞻見。」

爾時，世尊在大衆中，舒金色臂，摩阿難頂，告示阿難，及諸大衆：「有三摩提，名大佛頂首楞嚴王，具足萬行，十方如來，一門超出，妙莊嚴路。汝今諦聽！」阿難頂禮，伏受慈旨。

佛告阿難：「如汝所言，身在講堂，戶牖開豁，遠矚林園。亦有眾生，在此堂中，不見如來，見堂外者。」阿難答言：「世尊！在堂不見如來，能見林泉，無有是處。」「阿難！汝亦如是。汝之心靈，一切明了，若汝現前，所明了心，實在身內。爾時，先合了知內身，頗有眾生，先見身中，後觀外物？縱不能見心肝脾胃，爪生髮長、筋轉脈搖，誠合明了，如何不知？必不內知，云何知外？是故應知，汝言覺了能知之心，住在身內，無有是處。」

阿難稽首而白佛言：「我聞如來，如是法音，悟知我心，實居身外。所以者何？譬如燈光，然於室中，是燈必能先照室內，從其室門，後及庭際。一切眾生，不見身中，獨見身外，亦如燈光，居在室外，不能照室；是義必明，將無所惑，同佛了義，得無妄耶？」

佛告阿難：「是諸比丘，適來從我室羅筏城，循乞摶食，歸祇陀林，我已宿齋，汝觀比丘，一人食時，諸人飽不？」阿難答言：「不也，世尊！何以故？是諸比丘，雖阿羅漢，軀命不同，云何一人，能令眾飽？」

佛告阿難：「若汝覺了知見之心，實在身外，身心相外，自不相干，則心所知，身不能覺；覺在身際，心不能知；我今示汝兜羅綿手，汝眼見時，心分別不？」阿難答言：「如是，世尊！」佛告阿難：「若相知者，云何在外？是故應知，汝言覺了能知之心，住在身外，無有是處。」

阿難白佛言：「世尊！如佛所言，不見內故，不居身內；身心相知，不相離故，不在身外；我今思惟，知在一處。」佛言：「處今何在？」阿難言：「此了知心，既不知內，而能見外，如我思忖，潛伏根裡，猶如有人，取琉璃椀，合其兩眼，雖有物合，而不留礙，彼根隨見，隨即分別。然我覺了能知之心，不見內者，爲在根故；分明矚外，無障礙者，潛根內故。」佛告阿難：「如汝所言，潛根內者，猶如琉璃，彼人當以琉璃籠眼，當見山河，見琉璃不？」「如是，世尊！是人當以琉璃籠眼，實見琉璃。」

佛告阿難：「汝心若同琉璃合者，當見山河，何不見眼？若見眼者，眼即同境，不得成隨；若不能見，云何說言此了知心。潛在根內，如琉璃合？是故應知，汝言覺了能知之心，潛伏根裡，如琉璃合，無有是處。」

阿難白佛言：「世尊！我今又作如是思惟：是衆生身，府藏在中，竅穴居外；有藏則暗，有竅則明。今我對佛，開眼見明，名爲見外；閉眼見暗，名爲見內。是義云何？」

佛告阿難：「汝當閉眼見暗之時，此暗境界，爲與眼對，爲不對眼？若與眼對，暗在眼前，云何成內？若成內者，居暗室中，無日月燈，此室暗中，皆汝焦腑。若不對者，云何成見？若離外見，內對所成，合眼見暗，名爲身中，開眼見明，何不見面？若不見面，內對不成，見面若成，此了知心，及與眼根，乃在虛空，何成在內？若在虛空，自非汝體，即應如來，今見汝面，亦是汝身。汝眼已知，身合非覺，必汝執言，身眼兩覺，應有二知，即汝一身，應成兩佛；是故應知，汝言見暗，名見內者，無有是處。」

阿難言：「我常聞佛開示四衆：『由心生故，種種法生；由法生故，種種心生。』我今思惟，即思惟體，實我心性，隨所合處，心則隨有，亦非內外中間三處。」佛告阿難：「汝今說言，由法生故，種種心生，隨所合處，心隨有者；是心無體，則無所合；若無有體，而能合者，則十九界，因七塵合，是義不然。若有體者，如汝以手，自挃其體，汝所知心，爲復內出？爲從外入？若復內出，還見身中；若從外來，先合見面。」

阿難言：「見是其眼，心知非眼，爲見非義。」佛言：「若眼能見，汝在室中，門能見不？則諸已死，尚有眼存，應皆見物，若見物者，云何名死？阿難！又汝覺了能知之心，若必有體，爲復一體，爲有多體？今在汝身，爲復遍體，爲不遍體？若一體者，則汝以手挃一肢時，四肢應覺；若咸覺者，挃應無在。若挃有所，則汝一體，自不能成；若多體者，則成多人，何體爲汝？若遍體者，同前所挃，若不遍者，當汝觸頭，亦觸其足，頭有所覺，足應無知，今汝不然；是故應知，隨所合處，心則隨有，無有是處。」

阿難白佛言：「世尊！我亦聞佛與文殊等諸法王子談實相時，世尊亦言：『心不在內，亦不在外。』如我思惟：內無所見，外不相知，內無知故，在內不成；身心相知，在外非義；今相知故，復內無見，當在中間。」佛言：「汝言中間，中必不迷，非無所在。今汝推中，中何爲在？爲復在處，爲當在身？若在身者，在邊非中，在中同內。若在處者，爲有所表？爲無所表？無表同無，表則無定。何以故？如人以表，表爲中時，東看則西，南觀成北，表體既混，心應雜亂。」阿難言：「我所說中，非此二種。如世尊言：眼色爲緣，生於眼識，眼有分別，色塵無知，識生其中，則爲心在。」佛言：「汝心若在根塵之中，此之心體，爲復兼二？爲不兼二？若兼二者，物體雜亂，物非體知，成敵兩立，云何爲中？兼二不成，非知不知，即無體性，中何爲相？是故應知，當在中間，無有是處。」

阿難白佛言：「世尊！我昔見佛，與大目連、須菩提、富樓那、舍利弗四大弟子，共轉法輪，常言：覺知分別心性，既不在內，亦不在外，不在中間，俱無所在，一切無著，名之爲心。則我無著，名爲心不？」佛告阿難：「汝言覺知，分別心性，俱無在者，世間虛空，水陸飛行，諸所物象，名爲一切。汝不著者，爲在爲無？無則同於龜毛兔角，云何不著？有不著者，不可名無；無相則無，非無則相；相有則在，云何無著？是故應知：一切無著，名覺知心，無有是處。」

爾時，阿難在大衆中，即從座起，偏袒右肩，右膝著地，合掌恭敬而白佛言：「我是如來最小之弟，蒙佛慈愛，雖今出家，猶恃憍憐，所以多聞，未得無漏，不能折伏娑毗羅咒，爲彼所轉，溺於淫舍，當由不知真際所指，唯願世尊，大慈哀愍，開示我等奢摩他路，令諸闡提隳彌戾車。」作是語已，五體投地，及諸大衆，傾渴翹佇，欽聞示誨。

爾時，世尊從其面門，放種種光，其光晃耀，如百千日，普佛世界，六種震動；如是十方微塵國土，一時開現，佛之威神，令諸世界，合成一界；其世界中，所有一切諸大菩薩，皆住本國，合掌承聽。佛告阿難：「一切衆生，從無始來，種種顛倒，業種自然，如惡叉聚；諸修行人，不能得成無上菩提，乃至別成聲聞、緣覺，及成外道，諸天魔王，及魔眷屬，皆由不知二種根本，錯亂修習，猶如煮沙，欲成嘉饌，縱經塵劫，終不能得。云何二種?阿難!一者無始生死根本,則汝今者,與諸衆生,用攀緣心,爲自性者;二者無始菩提涅槃元清淨體,則汝今者,識精元明,能生諸緣,緣所遺者;由諸衆生,遺此本明,雖終日行,而不自覺,枉入諸趣。阿難!汝今欲知奢摩他路,願出生死,今復問汝。」

即時,如來舉金色臂,屈五輪指,語阿難言:「汝今見不?」阿難言:「見。」佛言:「汝何所見?」阿難言:「我見如來舉臂屈指,爲光明拳,耀我心目。」佛言:「汝將誰見?」阿難言:「我與大衆,同將眼見。」佛告阿難:「汝今答我,如來屈指,爲光明拳,耀汝心目,汝目可見,以何爲心,當我拳耀?」阿難言:「如來!現今徵心所在,而我以心推窮尋逐,即能推者,我將爲心。」佛言:「咄!阿難!此非汝心。」阿難矍然避座,合掌起立,白佛:「此非我心,當名何等?」佛告阿難:「此是前塵,虛妄相想,惑汝真性;由汝無始,至於今生,認賊爲子,失汝元常,故受輪轉。」

阿難白佛言:「世尊!我佛寵弟,心愛佛故,令我出家。我心何獨供養如來，乃至遍歷恆沙國土，承事諸佛，及善知識，發大勇猛，行諸一切難行法事，皆用此心；縱令謗法，永退善根，亦因此心。若此發明，不是心者，我乃無心，同諸土木；離此覺知，更無所有，云何如來說此非心？我實驚怖，兼此大衆，無不疑惑，唯垂大悲，開示未悟。」

爾時，世尊開示阿難，及諸大衆，欲令心入無生法忍，於師子座摩阿難頂，而告之言：「如來常說諸法所生，唯心所現；一切因果世界微塵，因心成體。阿難！若諸世界，一切所有，其中乃至草葉縷結，詰其根元，咸有體性，縱令虛空，亦有名貌，何況清淨，妙淨明心，性一切心，而自無體？若汝執悋分別覺觀，所了知性，必爲心者，此心即應離諸一切色、香、味、觸，諸塵事業，別有全性，如汝今者，承聽我法，此則因聲而有分別，縱滅一切見聞覺知，內守幽閑，猶爲法塵，分別影事，我非勑汝，執爲非心，但汝於心，微細揣摩，若離前塵，有分別性，即真汝心；若分別性，離塵無體，斯則前塵，分別影事，塵非常住，若變滅時，此心則同龜毛兔角，則汝法身，同於斷滅，其誰修證，無生法忍？」

即時，阿難與諸大眾，默然自失。佛告阿難：「世間一切諸修學人，現前雖成九次第定，不得漏盡成阿羅漢，皆由執此生死妄想，誤為真實，是故汝今雖得多聞，不成聖果。」阿難聞已，重復悲淚，五體投地，長跪合掌，而白佛言：「自我從佛發心出家，恃佛威神，常自思惟，無勞我修，將謂如來惠我三昧，不知身心本不相代，失我本心，雖身出家，心不入道，譬如窮子，捨父逃逝，今日乃知，雖有多聞，若不修行，與不聞等；如人說食，終不能飽。世尊！我等今者二障所纏，良由不知寂常心性，唯願如來，哀愍窮露，發妙明心，開我道眼。」

即時，如來從胸卍字涌出寶光，其光晃昱、有百千色；十方微塵，普佛世界，一時周遍，遍灌十方，所有寶剎，諸如來頂，旋至阿難，及諸大眾，告阿難言：「吾今為汝建大法幢，亦令十方一切眾生，獲妙微密，性淨明心，得清淨眼。阿難！汝先答我見光明拳，此拳光明，因何所有？云何成拳？汝將誰見？」阿難言：「由佛全體閻浮檀金，赩如寶山，清淨所生，故有光明；我實眼觀，五輪指端，屈握示人，故有拳相。」

佛告阿難：「如來今日實言告汝，諸有智者，要以譬喻而得開悟。阿難！譬如我拳，若無我手，不成我拳；若無汝眼，不成汝見；以汝眼根，例我拳理，其義均不？」阿難言：「唯然，世尊！既無我眼，不成我見，以我眼根，例如來拳，事義相類。」佛告阿難：「汝言相類，是義不然。何以故？如無手人，拳畢竟滅；彼無眼者，非見全無。所以者何？汝試於途，詢問盲人：『汝何所見？』彼諸盲人，必來答汝：『我今眼前，唯見黑暗，更無他矚。』以是義觀，前塵自暗，見何虧損？」

阿難言：「諸盲眼前，唯睹黑暗，云何成見？」佛告阿難：「諸盲無眼，唯觀黑暗，與有眼人，處於暗室，二黑有別，爲無有別？」「如是，世尊！此暗中人，與彼羣盲，二黑校量，曾無有異。」「阿難！若無眼人，全見前黑，忽得眼光，還於前塵，見種種色，名眼見者；彼暗中人，全見前黑，忽獲燈光，亦於前塵，見種種色，應名燈見。若燈見者，燈能有見，自不名燈，又則燈觀，何關汝事？是故當知，燈能顯色，如是見者，是眼非燈，眼能顯色，如是見性，是心非眼。」

阿難雖復得聞是言，與諸大衆，口已默然，心未開悟，猶冀如來慈音宣示，合掌清心，佇佛悲誨。

爾時，世尊舒兜羅綿網相光手，開五輪指，誨勅阿難及諸大衆：「我初成道，於鹿園中，爲阿若多五比丘等，及汝四衆言：『一切衆生不成菩提及阿羅漢，皆由客塵煩惱所誤，汝等當時，因何開悟，今成聖果？』」

時，憍陳那起立白佛：「我今長老，於大衆中，獨得解名，因悟『客塵』二字成果。世尊！譬如行客，投寄旅亭，或宿或食，食宿事畢，俶裝前途，不遑安住。若實主人，自無攸往，如是思惟：不住名客，住名主人，以不住者，名爲客義。又如新霽，清暘昇天，光入隙中，發明空中，諸有塵相，塵質搖動，虛空寂然，如是思惟：澄寂名空，搖動名塵，以搖動者，名爲塵義。」佛言：「如是。」

即時，如來於大衆中，屈五輪指，屈已復開，開已又屈，謂阿難言：「汝今何見？」阿難言：「我見如來，百寶輪掌，衆中開合。」佛告阿難：「汝見我手，衆中開合，爲是我手，有開有合？爲復汝見，有開有合？」阿難言：「世尊！寶手衆中開合，我見如來，手自開合，非我見性，自開自合。」佛言：「誰動誰靜？」阿難言：「佛手不住，而我見性，尚無有靜，誰爲無住？」佛言：「如是。」如來於是從輪掌中，飛一寶光在阿難右，即時阿難迴首右盼；又放一光在阿難左，阿難又則迴首左盼。佛告阿難：「汝頭今日何因搖動？」阿難言：「我見如來出妙寶光來我左右，故左右觀，頭自搖動。」「阿難！汝盼佛光，左右動頭，爲汝頭動，爲復見動？」「世尊！我頭自動，而我見性，尚無有止，誰爲搖動？」佛言：「如是。」

於是如來普告大衆：「若復衆生，以搖動者名之爲塵，以不住者名之爲客，汝觀阿難，頭自動搖，神無所動，又汝觀我，手自開合，見無舒卷，云何汝今以動爲身？以動爲境？從始洎終，念念生滅，遺失真性，顛倒行事，性心失真，認物爲己，輪迴是中，自取流轉。」

大佛頂首楞嚴經卷第二

爾時，阿難及諸大衆，聞佛示誨，身心泰然；念無始來，失卻本心，妄認緣塵，分別影事；今日開悟，如失乳兒，忽遇慈母，合掌禮佛，願聞如來，顯出身心真妄虛實，現前生滅，與不生滅，二發明性。

時，波斯匿王起立白佛：「我昔未承諸佛誨勅，見迦旃延、毗羅胝子，咸言此身，死後斷滅，名爲涅槃。我雖值佛，今猶狐疑，云何發揮證知此心不生滅地？令此大衆，諸有漏者，咸皆願聞。」佛告大王：「汝身現在，今復問汝：『汝此肉身，爲同金剛，常住不朽，爲復變壞？』」「世尊！我今此身，終從變滅。」佛言：「大王！汝未曾滅，云何知滅？」「世尊！我此無常變壞之身，雖未曾滅，我觀現前，念念遷謝，新新不住，如火成灰，漸漸銷殞，殞亡不息，決知此身，當從滅盡。」

佛言：「如是！大王！汝今生齡，已從衰老，顏貌何如童子之時？」「世尊！我昔孩孺，膚腠潤澤，年至長成，血氣充滿；而今頹齡，迫於衰耄，形色枯悴，精神昏昧，髮白面皺，逮將不久，如何見比充盛之時？」佛言：「大王！汝之形容，應不頓朽。」王言：「世尊！變化密移，我誠不覺，寒暑遷流，漸至於此。何以故？我年二十，雖號年少，顏貌已老初十歲時；三十之年，又衰二十，於今六十又過於二，觀五十時，宛然強壯。世尊！我見密移，雖此殂落，其間流易，且限十年；若復令我微細思惟，其變寧唯一紀、二紀，實為年變，豈唯年變？亦兼月化！何直月化？兼又日遷！沈思諦觀，剎那剎那，念念之間，不得停住，故知我身終從變滅。」

佛告大王：「汝見變化，遷改不停，悟知汝滅，亦於滅時，知汝身中，有不滅耶？」波斯匿王合掌白佛：「我實不知。」佛言：「我今示汝不生滅性。大王！汝年幾時見恆河水？」王言：「我生三歲，慈母攜我，謁耆婆天，經過此流。爾時即知是恆河水。」佛言：「大王！如汝所說，二十之時，衰於十歲，乃至六十，日月歲時，念念遷變，則汝三歲，見此河時，至年十三其水云何？」王言：「如三歲時，宛然無異；乃至於今，年六十二，亦無有異。」佛言：「汝今自傷，髮白面皺，其面必定皺於童年；則汝今時觀此恆河，與昔童時，觀河之見，有童耄不？」王言：「不也，世尊！」佛言：「大王！汝面雖皺，而此見精，性未曾皺，皺者爲變，不皺非變；變者受滅，彼不變者，元無生滅。云何於中受汝生死？而猶引彼末伽黎等，都言此身，死後全滅？」王聞是言，信知身後，捨生趣生；與諸大衆，踊躍歡喜，得未曾有。

阿難即從座起，禮佛合掌，長跪白佛：「世尊！若此見聞，必不生滅，云何世尊名我等輩，遺失真性，顛倒行事？願興慈悲，洗我塵垢。」

即時，如來垂金色臂，輪手下指，示阿難言：「汝今見我母陀羅手爲正、爲倒？」阿難言：「世間衆生，以此爲倒，而我不知誰正、誰倒？」佛告阿難：「若世間人以此爲倒，即世間人將何爲正？」阿難言：「如來豎臂，兜羅綿手，上指於空，則名爲正。」佛即豎臂，告阿難言：「若此顛倒，首尾相換，諸世間人，一倍瞻視；則知汝身，與諸如來清淨法身，比類發明，如來之身，名正遍知，汝等之身，號性顛倒。隨汝諦觀，汝身佛身，稱顛倒者，名字何處號爲顛倒？」

於時，阿難與諸大衆，瞪瞢瞻佛，目精不瞬，不知身心顛倒所在。佛興慈悲，哀愍阿難，及諸大衆，發海潮音，遍告同會：「諸善男子！我常說言：色心諸緣，及心所使，諸所緣法，唯心所現；汝身汝心，皆是妙明真精妙心中所現物；云何汝等遺失本妙，圓妙明心，寶明妙性，認悟中迷，晦昧爲空，空晦暗中，結暗爲色，色雜妄想，想相爲身，聚緣內搖，趣外奔逸，昏擾擾相，以爲心性。一迷爲心，決定惑爲色身之內，不知色身，外泊山河虛空大地，咸是妙明真心中物。譬如澄清百千大海，棄之唯認一浮漚體，目爲全潮，窮盡瀛渤。汝等即是迷中倍人，如我垂手等無差別，如來說爲可憐愍者。」

阿難承佛悲救深誨，垂泣叉手，而白佛言：「我雖承佛如是妙音，悟妙明心，元所圓滿常住心地；而我悟佛，現說法音，現以緣心，允所瞻仰，徒獲此心，未敢認爲本元心地。願佛哀愍，宣示圓音，拔我疑根，歸無上道。」

佛告阿難：「汝等尚以緣心聽法，此法亦緣，非得法性，如人以手指月示人，彼人因指當應看月，若復觀指以爲月體，此人豈唯亡失月輪，亦亡其指！何以故？以所標指爲明月故。豈唯亡指，亦復不識明之與暗！何以故？即以指體爲月明性，明暗二性，無所了故，汝亦如是。若以分別我說法音爲汝心者，此心自應離分別音，有分別性；譬如有客，寄宿旅亭，暫止便去，終不常住，而掌亭人，都無所去，名爲亭主。此亦如是，若真汝心，則無所去，云何離聲，無分別性？斯則豈唯聲分別心；分別我容，離諸色相，無分別性，如是乃至分別都無，非色非空。拘舍離等，昧爲冥諦，離諸法緣，無分別性；則汝心性，各有所還，云何爲主？」

阿難言：「若我心性各有所還；則如來說，妙明元心，云何無還？惟垂哀愍，爲我宣說。」

佛告阿難：「且汝見我，見精明元，此見雖非妙精明心，如第二月，非是月影。汝應諦聽，今當示汝無所還地。阿難！此大講堂，洞開東方，日輪昇天，則有明耀；中夜黑月，雲霧晦暝，則復昏暗；戶牖之隙，則復見通，牆宇之間，則復觀擁，分別之處，則復見緣；頑虛之中，遍是空性，鬱𡋯之象，則紆昏塵，澄霽斂氛，又觀清淨。阿難！汝咸看此諸變化相，吾今各還本所因處。云何本因？阿難！此諸變化，明還日輪；何以故？無日不明，明因屬日，是故還日。暗還黑月，通還戶牖，擁還牆宇，緣還分別，頑虛還空，鬱𡋯還塵，清明還霽，則諸世間，一切所有，不出斯類。汝見八種見精明性，當欲誰還？何以故？若還於明，則不明時，無復見暗；雖明暗等，種種差別，見無差別。諸可還者，自然非汝，不汝還者，非汝而誰？則知汝心，本妙明淨，汝自迷悶，喪本受輪，於生死中，常被漂溺，是故如來，名可憐愍！」

阿難言：「我雖識此見性無還，云何得知，是我真性？」佛告阿難：「吾今問汝：今汝未得無漏清淨，承佛神力，見於初禪，得無障礙；而阿那律見閻浮提，如觀掌中菴摩羅果。諸菩薩等，見百千界；十方如來，窮盡微塵，清淨國土，無所不矚；衆生洞視，不過分寸。阿難！且吾與汝，觀四天王所住宮殿，中間遍覽，水陸空行，雖有昏明，種種形像，無非前塵，分別留礙；汝應於此分別自他，今吾將汝擇於見中，誰是我體？誰爲物象？阿難！極汝見源，從日月宮，是物非汝；至七金山，周遍諦觀，雖種種光，亦物非汝；漸漸更觀，雲騰鳥飛、風動塵起、樹木山川、草芥人畜，咸物非汝。阿難！是諸近遠，諸有物性，雖復差殊，同汝見精，清淨所矚，則諸物類，自有差別；見性無殊，此精妙明，誠汝見性。若見是物，則汝亦可，見吾之見；若同見者，名爲見吾，吾不見時，何不見吾不見之處？若見不見，自然非彼不見之相；若不見吾不見之地，自然非物，云何非汝？又則汝今見物之時，汝既見物，物亦見汝，體性紛雜，則汝與我，并諸世間，不成安立。阿難！若汝見時，是汝非我；見性周遍，非汝而誰？云何自疑汝之真性，性汝不真，取我求實。」

阿難白佛言：「世尊！若此見性，必我非餘；我與如來，觀四天王，勝藏寶殿，居日月宮，此見周圓，遍娑婆國，退歸精舍，只見伽藍，清心戶堂，但瞻簷廡。世尊！此見如是，其體本來周遍一界，今在室中，唯滿一室；爲復此見縮大爲小，爲當牆宇，夾令斷絕？我今不知斯義所在，願垂弘慈，爲我敷演。」佛告阿難：「一切世間，大小內外，諸所事業，各屬前塵，不應說言，見有舒縮。譬如方器，中見方空，吾復問汝：此方器中，所見方空，爲復定方？爲不定方？若定方者，則安圓器，空應不圓；若不定者，在方器中，應無方空。汝言不知斯義所在，義性如是，云何爲在？阿難！若復欲令入無方圓，但除器方，空體無方，不應說言，更除虛空方相所在。若如汝問，入室之時，縮見令小，仰觀日時，汝豈挽見，齊於日面？若築牆宇能夾見斷，穿爲小竇，寧無竇迹，是義不然。一切眾生，從無始來，迷己爲物，失於本心，爲物所轉，故於是中，觀大觀小，若能轉物，則同如來，身心圓明，不動道場；於一毛端，遍能含受十方國土。」

阿難白佛言：「世尊！若此見精必我妙性，令此妙性，現在我前，見必我真，我今身心，復是何物？而今身心，分別有實，彼見無別，分辨我身。若實我心，令我今見，見性實我，而身非我；何殊如來，先所難言：物能見我。惟垂大慈，開發未悟。」佛告阿難：「今汝所言，見在汝前，是義非實。若實汝前，汝實見者，則此見精，既有方所，非無指示；且今與汝，坐祇陀林，遍觀林渠，及與殿堂，上至日月，前對恆河，汝今於我師子座前，舉手指陳，是種種相；陰者是林，明者是日，礙者是壁，通者是空，如是乃至草樹纖毫，大小雖殊，但可有形，無不指者。若必有見，現在汝前，汝應以手，確實指陳，何者是見？阿難！當知若空是見，既已成見，何者是空？若物是見，既已是見，何者為物？汝可微細，披剝萬象，析出精明，淨妙見元，指陳示我，同彼諸物，分明無惑。」

阿難言：「我今於此，重閣講堂，遠洎恆河，上觀日月，舉手所指，縱目所觀，指皆是物，無是見者。世尊！如佛所說，況我有漏，初學聲聞，乃至菩薩，亦不能於萬物象前，剖出精見，離一切物，別有自性。」

佛言：「如是，如是！」

佛復告阿難：「如汝所言，無有精見，離一切物別有自性。則汝所指，是物之中，無是見者。今復告汝：汝與如來，坐祇陀林，更觀林苑，乃至日月種種象殊，必無見精，受汝所指，汝又發明，此諸物中，何者非見？」阿難言：「我實遍見，此祇陀林，不知是中，何者非見。何以故？若樹非見，云何見樹？若樹即見，復云何樹？如是乃至若空非見，云何爲空？若空即見，復云何空？我又思惟是萬象中，微細發明，無非見者。」

佛言：「如是，如是！」

於是大衆非無學者，聞佛此言，茫然不知是義終始，一時惶悚，失其所守。如來知其魂慮變慴，心生憐愍，安慰阿難及諸大衆：「諸善男子！無上法王，是真實語，如所如說，不誑不妄，非末伽梨，四種不死矯亂論議。汝諦思惟，無忝哀慕。」

是時，文殊師利法王子，愍諸四衆，在大衆中，即從座起，頂禮佛足，合掌恭敬而白佛言：「世尊！此諸大衆，不悟如來，發明二種精見色空、是非是義。世尊！若此前緣色空等象，若是見者，應有所指，若非見者，應無所矚，而今不知是義所歸，故有驚怖，非是疇昔，善根輕尠。唯願如來，大慈發明，此諸物象，與此見精，元是何物？於其中間，無是非是。」

佛告文殊及諸大衆：「十方如來及大菩薩，於其自住三摩地中，見與見緣，并所想相，如虛空華，本無所有。此見及緣，元是菩提妙淨明體，云何於中，有是非是？文殊！吾今問汝：如汝文殊，更有文殊，是文殊者，爲無文殊？」「如是，世尊！我真文殊，無是文殊。何以故？若有是者，則二文殊，然我今日，非無文殊，於中實無是非二相。」

佛言：「此見妙明，與諸空塵，亦復如是！本是妙明，無上菩提，淨圓真心，妄爲色空，及與聞見。如第二月，誰爲是月？又誰非月？文殊！但一月真，中間自無是月非月。是以，汝今觀見與塵，種種發明，名爲妄想，不能於中出是非是，由是精真，妙覺明性，故能令汝出指非指。」

阿難白佛言：「世尊！誠如法王所說，覺緣遍十方界，湛然常住，性非生滅，與先梵志裟毗迦羅所談冥諦，及投灰等諸外道種，說有真我，遍滿十方，有何差別？世尊亦曾於楞伽山，為大慧等，敷演斯義；彼外道等常說自然，我說因緣，非彼境界。我今觀此覺性自然，非生非滅，遠離一切虛妄顛倒，似非因緣，與彼自然。云何開示，不入羣邪，獲真實心，妙覺明性？」佛告阿難：「我今如是開示方便，真實告汝，汝猶未悟，惑為自然。阿難！若必自然，自須甄明，有自然體。汝且觀此妙明見中，以何為自？此見為復以明為自？以暗為自？以空為自？以塞為自？阿難！若明為自，應不見暗；若復以空為自體者，應不見塞；如是乃至諸暗等相以為自者，則於明時，見性斷滅，云何見明？」

阿難言：「必此妙見，性非自然，我今發明，是因緣性，心猶未明，諮詢如來：是義云何合因緣性？」佛言：「汝言因緣，吾復問汝：汝今因見，見性現前，此見為復因明有見？因暗有見？因空有見？因塞有見？阿難！若因明有，應不見暗；如因暗有，應不見明；如是乃至因空、因塞，同於明暗。復次，阿難！此見又復緣明有見？緣暗有見？緣空有見？緣塞有見？阿難！若緣空有，應不見塞；若緣塞有，應不見空；如是乃至緣明、緣暗，同於空塞。當知如是精覺妙明，非因、非緣，亦非自然，非不自然，無非、不非，無是、非是，離一切相，即一切法。汝今云何於中措心，以諸世間戲論名相而得分別？如以手掌撮摩虛空，只益自勞。虛空云何隨汝執捉？」

阿難白佛言：「世尊！必妙覺性，非因非緣。世尊！云何常與比丘宣說見性具四種緣？所謂因空、因明、因心、因眼，是義云何？」佛言：「阿難！我說世間諸因緣相，非第一義。阿難！吾復問汝：諸世間人說我能見，云何名見？云何不見？」阿難言：「世人因於日月燈光，見種種相，名之爲見。若復無此三種光明，則不能見。」「阿難！若無明時，名不見者，應不見暗；若必見暗，此但無明，云何無見？阿難！若在暗時，不見明故，名爲不見；今在明時，不見暗相，還名不見；如是二相，俱名不見，若復二相，自相陵奪，非汝見性，於中暫無，如是則知二俱名見，云何不見？是故阿難！汝今當知：見明之時，見非是明；見暗之時，見非是暗；見空之時，見非是空；見塞之時，見非是塞；四義成就，汝復應知：見見之時，見非是見；見猶離見，見不能及。云何復說因緣自然及和合相？汝等聲聞，狹劣無識，不能通達清淨實相；吾今誨汝，當善思惟，無得疲怠妙菩提路。」

阿難白佛言：「世尊！如佛世尊，為我等輩宣說因緣及與自然，諸和合相與不和合，心猶未開，而今更聞，見見非見，重增迷悶！伏願弘慈，施大慧目，開示我等覺心明淨。」作是語已，悲淚頂禮，承受聖旨。

爾時，世尊憐愍阿難及諸大眾，將欲敷演大陀羅尼，諸三摩提妙修行路。告阿難言：「汝雖強記，但益多聞，於奢摩他，微密觀照，心猶未了；汝今諦聽，吾今為汝分別開示，亦令將來，諸有漏者獲菩提果。阿難！一切眾生，輪迴世間，由二顛倒，分別見妄，當處發生，當業輪轉。云何二見？一者，眾生別業妄見；二者，眾生同分妄見。」

「云何名為別業妄見？阿難！如世間人，目有赤眚，夜見燈光，別有圓影，五色重疊，於意云何？此夜燈明，所現圓光，爲是燈色？爲當見色？阿難！此若燈色，則非眚人，何不同見？而此圓影唯眚之觀。若是見色，見已成色，則彼眚人，見圓影者，名爲何等？復次，阿難！若此圓影，離燈別有，則合傍觀，屏帳几筵，有圓影出；離見別有，應非眼矚，云何眚人，目見圓影？是故當知，色實在燈，見病爲影，影見俱眚，見眚非病，終不應言，是燈是見。於是中有，非燈非見；如第二月，非體非影。何以故？第二之觀，揑所成故。諸有智者，不應説言，此揑根元，是形非形，離見非見，此亦如是，目眚所成，今欲名誰，是燈是見，何況分別，非燈非見？」

「云何名爲同分妄見？阿難！此閻浮提，除大海水，中間平陸有三千洲，正中大洲，東西括量，大國凡有二千三百，其餘小洲，在諸海中，其間或有三兩百國，或一、或二，至於三十、四十、五十。阿難！若復此中，有一小洲，只有兩國，唯一國人，同感惡緣，則彼小洲，當土衆生，睹諸一切不祥境界：或見二日、或見兩月，其中乃至暈蝕珮玦、彗孛飛流、負耳虹蜺，種種惡相；但此國見，彼國衆生，本所不見，亦復不聞。」

「阿難！吾今爲汝以此二事，進退合明。阿難！如彼衆生，別業妄見，矚燈光中所現圓影，雖現似境，終彼見者，目眚所成，眚即見勞，非色所造，然見眚者，終無見咎。例汝今日以目觀見，山河國土，及諸衆生，皆是無始，見病所成，見與見緣，似現前境，元我覺明，見所緣眚，覺見即眚。本覺明心，覺緣非眚。覺所覺眚，覺非眚中。此實見見，云何復名覺聞知見？是故，汝今見我及汝，并諸世間，十類衆生皆即見眚，非見眚者；彼見真精，性非眚者，故不名見。阿難！如彼衆生，同分妄見，例彼妄見，別業一人，一病目人，同彼一國，彼見圓影，眚妄所生。此衆同分，所現不祥，同見業中，瘴惡所起，俱是無始見妄所生。例閻浮提三千洲中，兼四大海，娑婆世界，并洎十方，諸有漏國，及諸衆生，同是覺明無漏妙心，見聞覺知虛妄病緣，和合妄生，和合妄死。若能遠離諸和合緣及不和合，則復滅除諸生死因，圓滿菩提，不生滅性，清淨本心，本覺常住。」

「阿難！汝雖先悟本覺妙明，性非因緣，非自然性；而猶未明如是覺元，非和合生，及不和合。阿難！吾今復以前塵問汝：汝今猶以一切世間妄想和合諸因緣性，而自疑惑，證菩提心和合起者，則汝今者，妙淨見精，為與明和？為與闇和？為與通和？為與塞和？若明和者，且汝觀明，當明現前，何處雜見？見相可辨，雜何形像？若非見者，云何見明？若即見者，云何見見？必見圓滿，何處和明？若明圓滿，不合見和！見必異明，雜則失彼性明名字，雜失明性，和明非義，彼暗與通，及諸羣塞，亦復如是。」

「復次，阿難！又汝今者，妙淨見精，為與明合？為與暗合？為與通合？為與塞合？若明合者，至於暗時，明相已滅，此見即不與諸暗合，云何見暗？若見暗時，不與暗合，與明合者，應非見明，既不見明，云何明合？了明非暗，彼暗與通，及諸羣塞，亦復如是。」

阿難白佛言：「世尊！如我思惟，此妙覺元，與諸緣塵，及心念慮，非和合耶？」佛言：「汝今又言覺非和合。吾復問汝：此妙見精，非和合者，爲非明和？爲非暗和？爲非通和？爲非塞和？若非明和，則見與明，必有邊畔！汝且諦觀：何處是明？何處是見？在見在明，自何爲畔？阿難！若明際中，必無見者，則不相及，自不知其明相所在，畔云何成？彼暗與通，及諸羣塞，亦復如是。」

「又妙見精非和合者，爲非明合？爲非暗合？爲非通合？爲非塞合？若非明合，則見與明，性相乖角，如耳與明，了不相觸；見且不知，明相所在，云何甄明，合非合理？彼暗與通，及諸羣塞，亦復如是。阿難！汝猶未明一切浮塵，諸幻化相，當處出生，隨處滅盡，幻妄稱相，其性真爲妙覺明體，如是乃至五陰、六入，從十二處，至十八界，因緣和合，虛妄有生；因緣別離，虛妄名滅；殊不能知生滅去來本如來藏，常住妙明，不動周圓妙真如性；性真常中，求於去來，迷悟死生，了無所得。」

「阿難！云何五陰本如來藏妙真如性？阿難！譬如有人，以清淨目，觀晴明空，唯一晴虛，迴無所有；其人無故不動目睛，瞪以發勞，則於虛空別見狂華，復有一切狂亂非相，色陰當知，亦復如是。阿難！是諸狂華，非從空來，非從目出。如是阿難！若空來者，既從空來，還從空入，若有出入，即非虛空。空若非空，自不容其華相起滅；如阿難體，不容阿難。若目出者，既從目出，還從目入，即此華性，從目出故，當合有見；若有見者，去既華空，旋合見眼，若無見者，出既翳空，旋當翳眼。又見華時，目應無翳，云何晴空，號清明眼？是故當知，色陰虛妄，本非因緣，非自然性。阿難！譬如有人，手足宴安，百骸調適，忽如忘生，性無違順；其人無故以二手掌於空相摩，於二手中妄生澀、滑、冷、熱諸相，受陰當知，亦復如是。阿難！是諸幻觸，不從空來，不從掌出。如是阿難！若空來者，既能觸掌，何不觸身？不應虛空選擇來觸；若從掌出，應非待合；又掌出故，合則掌知，離即觸入，臂腕骨髓，應亦覺知入時蹤迹，必有覺心，知出知入，自有一物，身中往來，何待合知，要名爲觸？是故當知受陰虛妄，本非因緣，非自然性。」

「阿難！譬如有人，談說酢梅，口中水出；思蹋懸崖，足心酸澀；想陰當知，亦復如是。阿難！如是酢說，不從梅生，非從口入。如是阿難！若梅生者，梅合自談，何待人說？若從口入，自合口聞，何須待耳？若獨耳聞，此水何不耳中而出？思蹋懸崖，與說相類，是故當知，想陰虛妄，本非因緣，非自然性。」

「阿難！譬如暴流，波浪相續，前際後際，不相踰越；行陰當知，亦復如是。阿難！如是流性，不因空生，不因水有，亦非水性，非離空水。如是阿難！若因空生，則諸十方，無盡虛空，成無盡流，世界自然，俱受淪溺。若因水有，則此暴流，性應非水，有所有相，今應現在。若即水性，則澄清時，應非水體；若離空水，空非有外，水外無流；是故當知，行陰虛妄，本非因緣，非自然性。」

「阿難！譬如有人，取頻伽瓶，塞其兩孔，滿中擎空，千里遠行，用餉他國，識陰當知，亦復如是。阿難！如是虛空，非彼方來，非此方入。如是阿難！若彼方來，則本瓶中，既貯空去，於本瓶地，應少虛空；若此方入，開孔倒瓶，應見空出；是故當知，識陰虛妄，本非因緣，非自然性。」

大佛頂首楞嚴經卷第三

「復次，阿難！云何六入本如來藏妙真如性？阿難！即彼目睛，瞪發勞者，兼目與勞，同是菩提，瞪發勞相；因於明暗，二種妄塵，發見居中，吸此塵象，名爲見性，此見離彼明暗二塵，畢竟無體。如是，阿難！當知是見，非明暗來，非於根出，不於空生。何以故？若從明來，暗即隨滅，應非見暗；若從暗來，明即隨滅，應無見明；若從根生，必無明暗，如是見精，本無自性；若於空出，前矚塵象，歸當見根，又空自觀，何關汝入？是故當知，眼入虛妄，本非因緣，非自然性。阿難！譬如有人，以兩手指急塞其耳，耳根勞故，頭中作聲，兼耳與勞，同是菩提，瞪發勞相；因於動靜，二種妄塵，發聞居中，吸此塵象，名聽聞性。此聞離彼動靜二塵，畢竟無體。如是，阿難！當知是聞，非動靜來，非於根出，不於空生。何以故？若從靜來，動即隨滅，應非聞動；若從動來，靜即隨滅，應無覺靜；若從根生，必無動靜，如是聞體，本無自性；若於空出，有聞成性，即非虛空，又空自聞，何關汝入？是故當知，耳入虛妄，本非因緣，非自然性。」

「阿難！譬如有人，急畜其鼻，畜久成勞，則於鼻中，聞有冷觸，因觸分別，通塞虛實，如是乃至諸香臭氣，兼鼻與勞，同是菩提，瞪發勞相，因於通塞，二種妄塵，發聞居中，吸此塵象，名嗅聞性。此聞離彼通塞二塵，畢竟無體。當知是聞非通塞來，非於根出，不於空生。何以故？若從通來，塞則聞滅，云何知塞？如因塞有，通則無聞，云何發明香臭等觸？若從根生，必無通塞，如是聞機，本無自性。若從空出，是聞自當迴嗅汝鼻，空自有聞，何關汝入？是故當知，鼻入虛妄，本非因緣，非自然性。」

「阿難！譬如有人，以舌舐吻，熟舐令勞，其人若病，則有苦味，無病之人，微有甜觸，由甜與苦，顯此舌根，不動之時，淡性常在。兼舌與勞，同是菩提，瞪發勞相，因甜苦淡，二種妄塵，發知居中，吸此塵象，名知味性。此知味性，離彼甜苦，及淡二塵，畢竟無體。如是，阿難！當知如是嘗苦淡知，非甜苦來，非因淡有，又非根出，不於空生。何以故？若甜苦來，淡則知滅，云何知淡？若從淡出，甜即知亡，復云何知甜苦二相？若從舌生，必無甜淡及與苦塵，斯知味根，本無自性；若於空出，虛空自味，非汝口知，又空自知，何關汝入？是故當知，舌入虛妄，本非因緣，非自然性。」

「阿難！譬如有人，以一冷手，觸於熱手，若冷勢多，熱者從冷；若熱功勝，冷者成熱；如是以此合覺之觸，顯於離知，涉勢若成，因於勞觸，兼身與勞，同是菩提，瞪發勞相。因於離合，二種妄塵，發覺居中，吸此塵象，名知覺性。此知覺體，離彼離合，違順二塵，畢竟無體。如是，阿難！當知是覺，非離合來，非違順有，不於根出，又非空出。何以故？若合時來，離當已滅，云何覺離？違順二相，亦復如是。若從根出，必無離合，違順四相，則汝身知，元無自性，必於空出，空自知覺，何關汝入？是故當知，身入虛妄，本非因緣，非自然性。」

「阿難？譬如有人，勞倦則眠，睡熟便寤；覽塵斯憶，失憶爲妄，是其顛倒，生住異滅，吸習中歸，不相踰越，稱意知根，兼意與勞，同是菩提，瞪發勞相，因於生滅，二種妄塵，集知居中，吸撮內塵，見聞逆流，流不及地，名覺知性。此覺知性，離彼寤寐，生滅二塵，畢竟無體。如是，阿難！當知如是，覺知之根，非寤寐來，非生滅有，不於根出，亦非空生。何以故？若從寤來，寐即隨滅，將何爲寐？必生時有，滅即同無，令誰受滅？若從滅有，生即滅無，誰知生者？若從根出，寤寐二相，隨身開合，離斯二體，此覺知者，同於空華，畢竟無性；若從空生，自是空知，何關汝入？是故當知，意入虛妄，本非因緣，非自然性。」

「復次，阿難！云何十二處本如來藏妙真如性？阿難？汝且觀此祇陀樹林，及諸泉池，於意云何？此等爲是色生眼見，眼生色相？阿難！若復眼根生色相者，見空非色，色性應銷，銷則顯發一切都無。色相既無，誰明空質？空亦如是！若復色塵生眼見者，觀空非色，見即銷亡，亡則都無，誰明空色？是故當知，見與色空，俱無處所，即色與見，二處虛妄，本非因緣，非自然性。」

「阿難！汝更聽此，祇陀園中，食辦擊鼓，衆集撞鐘，鐘鼓音聲，前後相續，於意云何？此等爲是聲來耳邊，耳往聲處？阿難！若復此聲來於耳邊，如我乞食室羅筏城，在祇陀林，則無有我；此聲必來阿難耳處，目連、迦葉應不俱聞，何況其中一千二百五十沙門，一聞鐘聲，同來食處？若復汝耳，往彼聲邊，如我歸住祇陀林中，在室羅城，則無有我；汝聞鼓聲，其耳已往擊鼓之處，鐘聲齊出，應不俱聞，何況其中象、馬、牛、羊種種音響！若無來往，亦復無聞。是故當知，聽與音聲，俱無處所，即聽與聲，二處虛妄，本非因緣，非自然性。」

「阿難！汝又嗅此鑪中栴檀，此香若復然於一銖，室羅筏城四十里內，同時聞氣；於意云何？此香爲復生栴檀木，生於汝鼻，爲生於空？阿難！若復此香，生於汝鼻，稱鼻所生，當從鼻出，鼻非栴檀，云何鼻中有栴檀氣？稱汝聞香，當於鼻入，鼻中出香，說聞非義！若生於空，空性常恆，香應常在，何藉鑪中，爇此枯木？若生於木，則此香質，因爇成煙，若鼻得聞，合蒙煙氣，其煙騰空，未及遙遠，四十里內，云何已聞？是故當知，香鼻與聞，俱無處所，即嗅與香，二處虛妄，本非因緣，非自然性。」

「阿難！汝常二時，衆中持鉢，其間或遇酥酪醍醐，名爲上味；於意云何？此味爲復生於空中？生於舌中？爲生食中？阿難！若復此味，生於汝舌，在汝口中，祇有一舌，其舌爾時，已成酥味，遇黑石蜜，應不推移，若不變移，不名知味；若變移者，舌非多體，云何多味，一舌之知？若生於食，食非有識，云何自知？又食自知，即同他食，何預於汝，名味之知？若生於空，汝噉虛空，當作何味？必其虛空，若作鹹味，既鹹汝舌，亦鹹汝面，則此界人，同於海魚！既常受鹹，了不知淡，若不識淡，亦不覺鹹，必無所知，云何名味？是故當知，味舌與嘗，俱無處所；即嘗與味，二處虛妄，本非因緣，非自然性。」

「阿難！汝常晨朝，以手摩頭，於意云何？此摩所知，誰爲能觸？能爲在手？爲復在頭？若在於手，頭則無知，云何成觸？若在於頭，手則無用，云何名觸？若各各有，則汝阿難，應有二身。若頭與手，一觸所生，則手與頭，當爲一體；若一體者，觸則無成；若二體者，觸誰爲在？在能非所，在所非能，不應虛空，與汝成觸。是故當知，覺觸與身，俱無處所，即身與觸，二俱虛妄，本非因緣，非自然性。」

「阿難！汝常意中，所緣善惡無記三性，生成法則，此法爲復即心所生？爲當離心，別有方所？阿難！若即心者，法則非塵，非心所緣，云何成處？若離於心，別有方所，則法自性，爲知非知？知則名心，異汝非塵，同他心量，即汝即心，云何汝心更二於汝？若非知者，此塵既非色、聲、香、味、離、合、冷、煖，及虛空相，當於何在？今於色空都無表示，不應人間，更有空外；心非所緣，處從誰立？是故當知，法則與心，俱無處所；則意與法，二處虛妄，本非因緣，非自然性。」

「復次，阿難！云何十八界本如來藏妙真如性？阿難！如汝所明，眼色爲緣，生於眼識；此識爲復因眼所生，以眼爲界？因色所生，以色爲界？阿難！若因眼生，既無色空，無可分別；縱有汝識，欲將何用？汝見又非青、黃、赤、白，無所表示，從何立界？若因色生，空無色時，汝識應滅，云何識知，是虛空性？若色變時，汝亦識其色相遷變，汝識不遷，界從何立？從變則變，界相自無，不變則恆，既從色生，應不識知虛空所在；若兼二種，眼色共生，合則中離，離則兩合，體性雜亂，云何成界？是故當知：眼色爲緣，生眼識界，三處都無；則眼與色，及色界三，本非因緣，非自然性。」

「阿難！又汝所明，耳聲爲緣，生於耳識，此識爲復因耳所生，以耳爲界？因聲所生，以聲爲界？阿難！若因耳生，動靜二相，既不現前，根不成知，必無所知，知尚無成，識何形貌？若取耳聞，無動靜故，聞無所成；云何耳形，雜色觸塵，名爲識界？耳則識界，復從誰立？若生於聲，識因聲有，則不關聞，無聞則亡聲相所在！識從聲生，許聲因聞而有聲相，聞應聞識！不聞非界，聞則同聲，識已被聞，誰知聞識？若無知者，終如草木，不應聲聞雜成中界，界無中位，則內外相復從何成？是故當知：耳聲爲緣，生耳識界，三處都無，則耳與聲及聲界三，本非因緣，非自然性。」

「阿難！又汝所明，鼻香爲緣，生於鼻識，此識爲復因鼻所生，以鼻爲界？因香所生，以香爲界？阿難！若因鼻生，則汝心中，以何爲鼻？爲取肉形雙爪之相？爲取嗅知動搖之性？若取肉形，肉質乃身，身知即觸，名身非鼻，名觸即塵，鼻尚無名，云何立界？若取嗅知，又汝心中，以何爲知？以肉爲知，則肉之知，元觸非鼻！以空爲知，空則自知，肉應非覺！如是則應虛空是汝，汝身非知，今日阿難，應無所在。以香爲知，知自屬香，何預於汝？若香臭氣，必生汝鼻，則彼香臭二種流氣，不生伊蘭及栴檀木；二物不來，汝自嗅鼻，爲香爲臭？臭則非香，香應非臭；若香臭二俱能聞者，則汝一人，應有兩鼻！對我問道，有二阿難，誰爲汝體？

若鼻是一，香臭無二，臭既為香，香復成臭，二性不有，界從誰立？若因香生，識因香有，如眼有見，不能觀眼；因香有故，應不知香！知則非生，不知非識，香非知有，香界不成，識不知香，因界則非從香建立！既無中間，不成內外，彼諸聞性，畢竟虛妄。是故當知，鼻香為緣，生鼻識界，三處都無；則鼻與香及香界三，本非因緣，非自然性。」

「阿難！又汝所明，舌味為緣，生於舌識，此識為復因舌所生，以舌為界？因味所生，以味為界？阿難！若因舌生，則諸世間，甘蔗、烏梅、黃蓮、石鹽、細辛、薑桂，都無有味，汝自嘗舌，為甜為苦？若舌性苦，誰來嘗舌？舌不自嘗，孰能知覺？舌性非苦，味自不生，云何立界？若因味生，識自為味？同於舌根，應不自嘗，云何識知，是味非味？又一切味，非一物生，味既多生，識應多體；識體若一，體必味生，鹹淡甘辛，和合俱生，諸變異相，同為一味，應無分別；分別既無，則不名識，云何復名舌味識界？不應虛空，生汝心識。舌味和合，即於是中，元無自性，云何界生？是故當知：舌味為緣，生舌識界，三處都無，則舌與味，及舌界三，本非因緣，非自然性。」

「阿難！又汝所明，身觸爲緣，生於身識；此識爲復因身所生，以身爲界？因觸所生，以觸爲界？阿難！若因身生，必無合離，二覺觀緣，身何所識？若因觸生，必無汝身，誰有非身，知合離者？阿難！物不觸知，身知有觸；知身即觸，知觸即身；即觸非身，即身非觸；身觸二相，元無處所，合身即爲身自體性，離身即是虛空等相。內外不成，中云何立？中不復立，內外性空，即汝識生，從誰立界？是故當知：身觸爲緣，生身識界，三處都無，則身與觸，及身界三，本非因緣，非自然性。」

「阿難！又汝所明，意法爲緣，生於意識；此識爲復因意所生，以意爲界？因法所生，以法爲界？阿難！若因意生，於汝意中，必有所思，發明汝意；若無前法，意無所生，離緣無形，識將何用？又汝識心，與諸思量，兼了別性，爲同爲異？同意即意，云何所生？異意不同，應無所識；若無所識，云何意生？若有所識，云何識意？唯同與異，二性無成，界云何立？若因法生，世間諸法，不離五塵，汝觀色法，及諸聲法、香法、味法，及與觸法，相狀分明，以對五根，非意所攝。汝識決定依於法生，汝今諦觀，法法何狀？若離色空，動靜通塞，合離生滅，越此諸相，終無所得。生則色空諸法等生；滅則色空諸法等滅；所因既無，因生有識，作何形相？相狀不有，界云何生？是故當知：意法為緣，生意識界，三處都無；則意與法，及意界三，本非因緣，非自然性。」

阿難白佛言：「世尊！如來常說和合因緣，一切世間，種種變化，皆因四大和合發明。云何如來，因緣自然，二俱排擯？我今不知斯義所屬，唯垂哀愍，開示眾生，中道了義，無戲論法。」

爾時，世尊告阿難言：「汝先厭離聲聞、緣覺諸小乘法，發心勤求無上菩提，故我今時，為汝開示第一義諦。如何復將世間戲論，妄想因緣而自纏繞？汝雖多聞，如說藥人，真藥現前，不能分別，如來說為真可憐愍！汝今諦聽！吾當為汝分別開示；亦令當來修大乘者，通達實相。」阿難默然，承佛聖旨。

「阿難！如汝所言，四大和合，發明世間種種變化。阿難！若彼大性體非和合，則不能與諸大雜和，猶如虛空，不和諸色；若和合者，同於變化，始終相成，生滅相續，生死死生，生生死死，如旋火輪，未有休息。阿難！如水成冰，冰還成水。汝觀地性，麤爲大地，細爲微塵，至鄰虛塵，析彼極微，色邊際相，七分所成，更析鄰虛，即實空性。阿難！若此鄰虛，析成虛空，當知虛空，出生色相。汝今問言：由和合故，出生世間諸變化相，汝且觀此一鄰虛塵，用幾虛空和合而有？不應鄰虛合成鄰虛。又鄰虛塵析入空者，用幾色相合成虛空？若色合時，合色非空；若空合時，合空非色；色猶可析，空云何合？汝元不知如來藏中，性色真空，性空真色，清淨本然，周遍法界；隨衆生心，應所知量；循業發現，世間無知，惑爲因緣及自然性，皆是識心分別計度，但有言說，都無實義。」

「阿難！火性無我，寄於諸緣，汝觀城中未食之家，欲炊爨時，手執陽燧，日前求火。阿難！名和合者，如我與汝，一千二百五十比丘，今爲一衆；衆雖爲一，詰其根本，各各有身，皆有所生氏族名字；如舍利弗婆羅門種；優樓頻螺，迦葉波種；乃至阿難，瞿曇種姓。阿難！若此火性，因和合有，彼手執鏡，於日求火，此火爲從鏡中而出？爲從艾出？爲於日來？阿難！若日來者，自能燒汝手中之艾，來處林木，皆應受焚；若鏡中出，自能於鏡，出然於艾，鏡何不鎔？紆汝手執，尚無熱相，云何融泮？若生於艾，何藉日鏡，光明相接，然後火生？汝又諦觀，鏡因手執，日從天來，艾本地生，火從何方遊歷於此？日鏡相遠，非和非合，不應火光，無從自有。汝猶不知如來藏中，性火真空，性空真火，清淨本然，周遍法界，隨衆生心，應所知量。阿難！當知世人，一處執鏡，一處火生；遍法界執，滿世間起，起遍世間，寧有方所？循業發現，世間無知，惑爲因緣及自然性，皆是識心，分別計度，但有言說，都無實義。」

「阿難！水性不定，流息無恆，如室羅城，迦毗羅仙、斫迦羅仙，及鉢頭摩訶薩多等諸大幻師，求太陰精，用和幻藥；是諸師等，於白月晝，手執方諸，承月中水；此水爲復從珠中出？空中自有？爲從月來？阿難！若從月來，尚能遠方令珠出水，所經林木，皆應吐流，流則何待方諸所出？不流明水，非從月降。若從珠出，則此珠中，常應流水，何待中宵承白月晝？若從空生，空性無邊，水當無際，從人洎天，皆同滔溺，云何復有水陸空行？汝更諦觀：月從天陟，珠因手持，承珠水盤，本人敷設，水從何方流注於此？月珠相遠，非和非合，不應水精，無從自有！汝尚不知：如來藏中，性水真空，性空真水，清淨本然，周遍法界，隨衆生心，應所知量。一處執珠，一處水出，遍法界執，滿法界生，生滿世間，寧有方所？循業發現，世間無知，惑為因緣及自然性，皆是識心分別計度，但有言說，都無實義。」

「阿難！風性無體，動靜不常，汝常整衣，入於大衆，僧伽梨角，動及傍人，則有微風拂彼人面。此風為復出袈裟角？發於虛空？生彼人面？阿難！此風若復出袈裟角，汝乃披風，其衣飛搖，應離汝體。我今說法，會中垂衣，汝看我衣，風何所在？不應衣中，有藏風地。若生虛空，汝衣不動，何因無拂？空性常住，風應常生；若無風時，虛空當滅；滅風可見，滅空何狀？若有生滅，不名虛空，名為虛空，云何風出？若風自生，被拂之面，從彼面生，當應拂汝；自汝整衣，云何倒拂？汝審諦觀：整衣在汝，面屬彼人，虛空寂然，不參流動；風自誰方，鼓動來此？風空性隔，非和非合，不應風性，無從自有。汝宛不知：如來藏中，性風真空，性空真風，清淨本然，周遍法界，隨衆生心，應所知量。阿難！如汝一人，微動服衣，有微風出，遍法界拂，滿國土生，周遍世間，寧有方所？循業發現，世間無知，惑爲因緣及自然性，皆是識心分別計度，但有言說，都無實義。」

「阿難！空性無形，因色顯發，如室羅城，去河遙處，諸刹利種，及婆羅門、毗舍首陀，兼頗羅墮，旃陀羅等；新立安居，鑿井求水，出土一尺，於中則有一尺虛空，如是乃至出土一丈，中間還得一丈虛空，虛空淺深，隨出多少；此空爲當因土所出？因鑿所有？無因自生？阿難！若復此空，無因自生，未鑿土前，何不無礙，唯見大地，迥無通達。若因土出，則土出時，應見空入，若土先出，無空入者，云何虛空，因土而出？若無出入，則應空土，元無異因；無異則同，則土出時，空何不出？若因鑿出，則鑿出空，應非出土，不因鑿出，鑿自出土，云何見空？汝更審諦，諦審諦觀，鑿從人手，隨方運轉，土因地移，如是虛空，因何所出？鑿空虛實，不相爲用，非和非合，不應虛空無從自出。若此虛空，性圓周遍，本不動搖，當知現前，地水火風，均名五大，性真圓融，皆如來藏，本無生滅。阿難！汝心昏迷，不悟四大，元如來藏，當觀虛空，爲出爲入？爲非出入？汝全不知：如來藏中，性覺真空，性空真覺，清淨本然，周遍法界，隨衆生心，應所知量。」

「阿難！如一井空，空生一井；十方虛空，亦復如是，圓滿十方，寧有方所？循業發現，世間無知，惑爲因緣，及自然性，皆是識心分別計度；但有言說，都無實義。」

「阿難！見覺無知，因色空有；如汝今者，在祇陀林，朝明夕昏，設居中宵，白月則光，黑月便暗，則明暗等，因見分析。此見爲復與明暗相，并太虛空，爲同一體？爲非一體？或同非同？或異非異？阿難！此見若復與明與暗，及與虛空，元一體者，則明與暗，二體相亡，暗時無明，明時無暗；若與暗一，明則見亡；必一於明，暗時當滅；滅則云何見明見暗？若明暗殊，見無生滅，一云何成？若此見精，與暗與明，非一體者，汝離明暗，及與虛空，分析見元，作何形相？離明離暗，及離虛空，是見元同龜毛兔角；明暗虛空，三事俱異，從何立見？明暗相背，云何或同？離三元無，云何或異？分空分見，本無邊畔，云何非同？見暗見明，性非遷改，云何非異？汝更細審，微細審詳，審諦審觀，明從太陽，暗隨黑月，通屬虛空，壅歸大地，如是見精，因何所出？見覺空頑，非和非合，不應見精無從自出。若見聞知，性圓周遍，本不動搖，當知無邊，不動虛空，并其動搖，地水火風，均名六大，性真圓融，皆如來藏，本無生滅。阿難！汝性沈淪，不悟汝之見聞覺知本如來藏，汝當觀此見聞覺知，為生、為滅，為同、為異，為非生滅？為非同異？汝曾不知：如來藏中，性見覺明，覺精明見，清淨本然，周遍法界，隨眾生心，應所知量；如一見根，見周法界。聽嗅嘗觸，覺觸覺知，妙德瑩然，遍周法界，圓滿十虛，寧有方所？循業發現，世間無知，惑為因緣，及自然性，皆是識心分別計度，但有言說，都無實義。」

「阿難！識性無源，因於六種根塵妄出。汝今遍觀∴此會聖衆，用目循歷，其目周視，但如鏡中，無別分析。汝識於中，次第標指∴此是文殊，此富樓那，此目犍連，此須菩提，此舍利弗。此識了知，爲生於見？爲生於相？爲生虛空？爲無所因，突然而出？阿難！若汝識性，生於見中，如無明暗，及與色空，四種必無，元無汝見，見性尚無，從何發識？若汝識性，生於相中，不從見生；既不見明，亦不見暗，明暗不矚，即無色空，彼相尚無，識從何發？若生於空，非相非見，非見無辨，自不能知明暗色空；非相滅緣，見聞覺知，無處安立；處此二非，空非同無，有非同物，縱發汝識，欲何分別？若無所因，突然而出，何不日中，別識明月？汝更細詳，微細詳審，見託汝睛，相推前境，可狀成有，不相成無，如是識緣，因何所出？識動見澄，非和非合，聞聽覺知，亦復如是，不應識緣，無從自出。若此識心，本無所從，當知了別，見聞覺知，圓滿湛然，性非從所，兼彼虛空，地水火風，均名七大，性真圓融，皆如來藏，本無生滅。阿難！汝心麤浮，不悟見聞，發明了知，本如來藏，汝應觀此六處識心，爲同、爲異，爲空、爲有，爲非同異？爲非空有？汝元不知：如來藏中，性識明知，覺有真識，妙覺湛然，遍周法界，含吐十虛，寧有方所？循業發現，世間無知，惑爲因緣，及自然性，皆是識心分別計度，但有言說，都無實義。」

爾時，阿難及諸大衆，蒙佛如來，微妙開示，身心蕩然，得無罣礙。是諸大衆，各各自知，心遍十方，見十方空，如觀手中所持葉物，一切世間，諸所有物，皆即菩提，妙明元心，心精遍圓，含裹十方。反觀父母所生之身，猶彼十方，虛空之中，吹一微塵，若存若亡；如湛巨海，流一浮漚，起滅無從，了然自知，獲本妙心，當住不滅。禮佛合掌，得未曾有，於如來前，說偈讚佛：

妙湛總持不動尊，首楞嚴王世希有！

銷我億劫顛倒想，不歷僧祇獲法身。

願今得果成寶王，還度如是恒沙衆，

將此深心奉塵刹，是則名爲報佛恩。
伏請世尊爲證明，五濁惡世誓先入，
如一衆生未成佛，終不於此取泥洹。
大雄大力大慈悲，希更審除微細惑，
令我早登無上覺，於十方界坐道場。
舜若多性可銷亡，爍迦囉心無動轉。

大佛頂首楞嚴經卷第四

爾時，富樓那彌多羅尼子，在大衆中即從座起，偏袒右肩，右膝著地，合掌恭敬，而白佛言：「大威德世尊！善爲衆生，敷演如來第一義諦。世尊常推説：『法人中，我爲第一。』今聞如來微妙法音，猶如聾人，逾百步外，聆於蚊蚋，本所不見，何況得聞？佛雖宣明，令我除惑，今猶未詳斯義，究竟無疑惑地。世尊！如阿難輩，雖則開悟，習漏未除；我等會中，登無漏者，雖盡諸漏，今聞如來所説法音，尚紆疑悔。世尊！若復世間，一切根塵，陰處界等，皆如來藏，清淨本然，云何忽生山河大地，諸有為相，次地遷流，終而復始？又如來說：『地水火風，本性圓融，周遍法界，湛然常住。』世尊！若地性遍，云何容水？水性周遍，火則不生，復云何明，水火二性，俱遍虛空，不相陵滅？世尊！地性障礙，空性虛通，云何二俱，周遍法界？而我不知是義攸往，惟願如來，宣流大慈，開我迷雲，及諸大眾。」作是語已，五體投地，欽渴如來，無上慈誨。

爾時，世尊告富樓那，及諸會中漏盡無學諸阿羅漢：「如來今日，普為此會，宣勝義中，真勝義性，令汝會中，定性聲聞，及諸一切未得二空，迴向上乘阿羅漢等，皆獲一乘寂滅場地，真阿練若正修行處。汝今諦聽，當為汝說。」富樓那等，欽佛法音，默然承聽。

佛言：「富樓那！如汝所言，清淨本然，云何忽生山河大地？汝常不聞如來宣說，性覺妙明，本覺明妙？」富樓那言：「唯然，世尊！我常聞佛宣說斯義。」佛言：「汝稱覺明，為復性明，稱名為覺？為覺不明，稱為明覺？」富樓那言：「若此不明，名為覺者，則無所明！」佛言：「若無所明，則無明覺；有所非覺，無所非明；無明又非覺湛明性。性覺必明，妄爲明覺；覺非所明，因明立所；所既妄立，生汝妄能。無同異中，熾然成異；異彼所異，因異立同；同異發明，因此復立無同無異。如是擾亂，相待生勞，勞久發塵，自行渾濁，由是引起塵勞煩惱。起爲世界，靜成虛空，虛空爲同，世界爲異，彼無同異，眞有爲法。覺明空昧，相待成搖，故有風輪執持世界；因空生搖，堅明立礙，彼金寶者，明覺立堅，故有金輪保持國土。堅覺寶成，搖明風出，風金相摩，故有火光，爲變化性；寶明生潤，火光上蒸，故有水輪含十方界。火騰水降，交發立堅，濕爲巨海，乾爲洲潬；以是義故，彼大海中，火光常起，彼洲潬中，江河常注；水勢劣火，結爲高山，是故山石，擊則成燄，融則成水；土勢劣水，抽爲草木，是故林藪，遇燒成土，因絞成水；交妄發生，遞相爲種，以是因緣，世界相續。」

「復次，富樓那！明妄非他，覺明爲咎；所妄既立，明理不踰；以是因緣，聽不出聲，見不超色，色香味觸，六妄成就，由是分開，見覺聞知。同業相纏，合離成化。見明色發，明見想成，異見成憎，同想成愛，流愛爲種，納想爲胎，交遘發生，吸引同業，故有因緣，生羯囉藍、遏蒱曇等。胎卵濕化，隨其所應，卵唯想生，胎因情有，濕以合感，化以離應；情想合離，更相變易，所有受業，逐其飛沈，以是因緣，衆生相續。」

「富樓那！想愛同結，愛不能離，則諸世間，父母子孫，相生不斷，是等則以欲貪爲本。貪愛同滋，貪不能止，則諸世間，卵化濕胎，隨力强弱，遞相吞食，是等則以殺貪爲本。以人食羊，羊死爲人，人死爲羊；如是乃至十生之類，死死生生，互來相噉，惡業俱生，窮未來際，是等則以盜貪爲本。汝負我命，我還汝債，以是因緣，經百千劫，常在生死；汝愛我心，我憐汝色，以是因緣，經百千劫，常在纏縛。唯殺盜淫三爲根本，以是因緣，業果相續。富樓那！如是三種顛倒相續，皆是覺明，明了知性，因了發相，從妄見生，山河大地，諸有爲相，次第遷流，因此虛妄，終而復始。」富樓那言：「若此妙覺，本妙覺明，與如來心，不增不減，無狀忽生，山河大地，諸有爲相；如來今得妙空明覺，山河大地，有爲習漏，何當復生？」佛告富樓那：「譬如迷人，於一聚落，惑南爲北；此迷爲復因迷而有？因悟而出？」富樓那言：「如是迷人，亦不因迷，又不因悟。何以故？迷本無根，云何因迷？悟非生迷，云何因悟？」佛言：「彼之迷人，正在迷時，倏有悟人，指示令悟。富樓那！於意云何？此人縱迷於此聚落，更生迷不？」「不也，世尊！」「富樓那！十方如來亦復如是。此迷無本，性畢竟空，昔本無迷，似有迷覺，覺迷迷滅，覺不生迷；亦如翳人，見空中華，翳病若除，華於空滅，忽有愚人，於彼空華所滅空地，待華更生；汝觀是人，爲愚、爲慧？」

富樓那言：「空元無華，妄見生滅，見華滅空，已是顛倒，勅令更出，斯實狂癡；云何更名，如是狂人，爲愚、爲慧？」佛言：「如汝所解，云何問言：諸佛如來，妙覺明空，何當更出山河大地？又如金鑛，雜於精金，其金一純，更不成雜；如木成灰，不重爲木；諸佛如來，菩提涅槃亦復如是。」

「富樓那！又汝問言：地水火風，本性圓融，周遍法界，疑水火性，不相陵滅。又徵虛空，及諸大地，俱遍法界，不合相容。富樓那！譬如虛空，體非羣相，而不拒彼諸相發揮。所以者何？富樓那！彼太虛空，日照則明，雲屯則暗，風搖則動，霽澄則清，氣凝則濁，土積成霾，水澄成映。於意云何？如是殊方，諸有爲相，爲因彼生？爲復空有？若彼所生，富樓那！且日照時，既是日明，十方世界，同爲日色，云何空中更見圓日？若是空明，空應自照，云何中宵雲霧之時，不生光耀？當知是明，非日非空，不異空日。觀相元妄，無可指陳，猶邀空華，結爲空果，云何詰其相陵滅義？觀性元真，唯妙覺明，妙覺明心，先非水火，云何復問不相容者？真妙覺明，亦復如是！汝以空明，則有空現，地水火風，各各發明，則各各現，若俱發明，則有俱現。云何俱現？富樓那！如一水中，現於日影，兩人同觀水中之日，東西各行，則各有日，隨二人去，一東一西，先無準的，不應難言，此日是一，云何各行？各日既雙，云何現一？宛轉虛妄，無可憑據。」

「富樓那！汝以色空，相傾相奪，於如來藏；而如來藏，隨爲色空，周遍法界。是故於中，風動空澄，日明雲暗，衆生迷悶，背覺合塵，故發塵勞，有世間相。我以妙明，不滅不生，合如來藏；而如來藏，唯妙覺明，圓照法界。是故於中，一爲無量，無量爲一；小中現大、大中現小，不動道場，遍十方界；身含十方，無盡虛空，於一毛端，現寶王刹，坐微塵裡，轉大法輪，滅塵合覺，故發真如，妙覺明性。而如來藏，本妙圓心，非心、非空、非地、非水、非風、非火，非眼、非耳、鼻、舌、身、意，非色、非聲、香、味、觸、法，非眼識界，如是乃至非意識界、非明、無明、明無明盡，如是乃至非老、非死、非老死盡，非苦、非集、非滅、非道、非智、非得，非檀那、非尸羅、非毗梨耶、非羼提、非禪那、非般刺若、非波羅蜜多；如是乃至非怛闥阿竭、非阿羅訶、三耶、三菩，非大涅槃、非常、非樂、非我、非淨。以是俱非世出世故，即如來藏，元明心妙，即心、即空，即地、即水、即風、即火，即眼、即耳、鼻、舌、身、意，即色、即聲、香、味、觸、法，即眼識界，如是乃至即意識界，即明、無明、明無明盡，如是乃至即老、即死、即老死盡，即苦、即集、即滅、即道、即智、即得，即檀那、即尸羅、即毗梨耶、即禪那、即般剌若、即波羅蜜多；如是乃至即怛闥阿竭、即阿羅訶、三耶、三菩、即大涅槃、即常、即樂、即我、即淨。以是俱即世出世故，即如來藏，妙明心元，離即離非，是即非即。如何世間，三有衆生，及出世間，聲聞、緣覺，以所知心，測度如來無上菩提，用世語言，入佛知見；譬如琴瑟、箜篌、琵琶，雖有妙音，若無妙指，終不能發；汝與衆生亦復如是。寶覺真心，各各圓滿，如我按指，海印發光，汝暫舉心，塵勞先起，由不勤求無上覺道，愛念小乘，得少爲足。」

富樓那言：「我與如來，寶覺圓明，真妙淨心，無二圓滿；而我昔遭無始妄想，久在輪迴，今得聖乘，猶未究竟。世尊諸妄，一切圓滅，獨妙真常，敢問如來：一切衆生，何因有妄，自蔽妙明，受此淪溺？」佛告富樓那：「汝雖除疑，餘惑未盡；吾以世間現前諸事，今復問汝：汝豈不聞，室羅城中，演若達多，忽於晨朝，以鏡照面，愛鏡中頭，眉目可見，瞋責己頭，不見面目，以爲魑魅，無狀狂走。於意云何，此人何因，無故狂走？」富樓那言：「是人心狂，更無他故。」

佛言：「妙覺明圓，本圓明妙，既稱爲妄，云何有因？若有所因，云何名妄？自諸妄想，展轉相因，從迷積迷，以歷塵劫，雖佛發明，猶不能返。如是迷因，因迷自有，識迷無因，妄無所依，尚無有生，欲何爲滅？得菩提者，如寤時人，說夢中事，心縱精明，欲何因緣，取夢中物？況復無因，本無所有。如彼城中，演若達多，豈有因緣，自怖頭走？忽然狂歇，頭非外得，縱未歇狂，亦何遺失？富樓那！妄性如是，因何爲在？汝但不隨分別世間、業果、衆生三種相續，三緣斷故，三因不生，則汝心中，演若達多，狂性自歇，歇即菩提，勝淨明心，本周法界，不從人得，何藉劬勞，肯綮修證。譬如有人，於自衣中，繫如意珠，不自覺知；窮露他方，乞食馳走，雖實貧窮，珠不曾失；忽有智者，指示其珠，所願從心，致大饒富，方悟神珠，非從外得。」

即時阿難，在大衆中，頂禮佛足，起立白佛：「世尊！現說殺盜淫業，三緣斷故，三因不生，心中達多，狂性自歇，歇即菩提，不從人得。

斯則因緣，皎然明白，云何如來，頓棄因緣？我從因緣，心得開悟。世尊！此義何獨我等年少有學聲聞，今此會中大目犍連，及舍利弗、須菩提等，從老梵志，聞佛因緣，發心開悟，得成無漏；今說菩提不從因緣，則王舍城，拘舍梨等，所說自然成第一義；惟垂大悲，開發迷悶。」

佛告阿難：「即如城中，演若達多，狂性因緣，若得滅除，則不狂性，自然而出，因緣自然，理窮於是。阿難！演若達多，頭本自然，本自其然，無然非自；何因緣故，怖頭狂走？若自然頭，因緣故狂，何不自然，因緣故失？本頭不失，狂怖妄出，曾無變易，何藉因緣？本狂自然，本有狂怖，未狂之際，狂何所潛？不狂自然，頭本無妄，何爲狂走？若悟本頭，識知狂走，因緣自然，俱爲戲論。是故我言：三緣斷故，即菩提心，菩提心生，生滅心滅。此但生滅，滅生俱盡，無功用道。若有自然，如是則明自然心生，生滅心滅，此亦生滅。無生滅者，名爲自然，猶如世間，諸相雜和，成一體者，名和合性；非和合者，稱本然性；本然非然，和合非合，合然俱離，離合俱非，此句方名，無戲論法。」

「菩提涅槃，尚在遙遠，非汝歷劫，辛勤修證；雖復憶持，十方如來，十二部經，清淨妙理，如恆河沙，祇益戲論。汝雖談說，因緣自然，決定明了，人間稱汝，多聞第一；以此積劫，多聞熏習，不能免離摩登伽難。何須待我佛頂神咒，摩登伽心淫火頓歇，得阿那含；於我法中，成精進林，愛河乾枯，令汝解脫。是故阿難，汝雖歷劫，憶持如來，祕密妙嚴，不如一日修無漏業，遠離世間，憎愛二苦；如摩登伽，宿爲淫女，由神咒力鎖其愛欲，法中今名性比丘尼；與羅睺羅母耶輸陀羅，同悟宿因，知歷世因，貪愛爲苦，一念薰修無漏善故，或得出纏，或蒙授記，如何自欺，尚留觀聽？」

阿難及諸大衆，聞佛示誨，疑惑銷除，心悟實相，身意輕安，得未曾有；重復悲泣，頂禮佛足，長跪合掌，而白佛言：「無上大悲清淨寶王，善開我心，能以如是種種因緣，方便提獎，引諸沈冥，出於苦海。世尊！我今雖承如是法音，知如來藏，妙覺明心，遍十方界，含育如來，十方國土，清淨寶嚴，妙覺王剎；如來復責多聞無功，不逮修習，我今猶如旅泊之人，忽蒙天王賜以華屋；雖獲大宅，要因門入，唯願如來，不捨大悲，示我在會諸蒙暗者，捐捨小乘，畢獲如來無餘涅槃本發心路，令有學者，從何攝伏，疇昔攀緣，得陀羅尼，入佛知見！」作是語已，五體投地，在會一心，佇佛慈旨。

爾時，世尊哀愍會中緣覺、聲聞，於菩提心，未自在者，及為當來佛滅度後，末法眾生發菩薩心，開無上乘，妙修行路；宣示阿難及諸大眾：「汝等決定發菩提心，於佛如來，妙三摩提，不生疲惓，應當先明發覺初心，二決定義。云何初心二義決定？阿難！第一義者，汝等若欲捐捨聲聞，修菩薩乘，入佛知見，應當審觀因地發心，與果地覺，為同為異？阿難！若於因地，以生滅心，為本修因，而求佛乘，不生不滅，無有是處。以是義故，汝當照明，諸器世間，可作之法，皆從變滅。阿難！汝觀世間，可作之法，誰為不壞？然終不聞，爛壞虛空。何以故？空非可作，由是始終，無壞滅故。則汝身中，堅相為地，潤濕為水，煖觸為火，動搖為風，由此四纏，分汝湛圓妙覺明心，為視、為聽、為覺、為察，從始入終，五疊渾濁。云何爲濁？阿難！譬如清水，清潔本然，即彼塵土灰沙之倫，本質留礙；二體法爾，性不相循。有世間人，取彼土塵，投於淨水，土失留礙，水亡清潔，容貌汨然，名之爲濁；汝濁五重，亦復如是。」

「阿難！汝見虛空，遍十方界，空見不分，有空無體，有見無覺，相織妄成，是第一重，名爲劫濁。汝身現摶四大爲體，見聞覺知，壅令留礙，水火風土，旋令覺知，相織妄成，是第二重，名爲見濁。又汝心中，憶識誦習，性發知見，容現六塵，離塵無相，離覺無性，相織妄成，是第三重，名煩惱濁。又汝朝夕，生滅不停，知見每欲留於世間，業運每常遷於國土，相織妄成，是第四重，名衆生濁。汝等見聞，元無異性，衆塵隔越，無狀異生，性中相知，用中相背，同異失準，相織妄成，是第五重，名爲命濁。」

「阿難！汝今欲令見聞覺知，遠契如來，常樂我淨；應當先擇，死生根本，依不生滅，圓湛性成，以湛旋其虛妄滅生，伏還元覺，得元明覺，無生滅性，爲因地心；然後圓成，果地修證；如澄濁水，貯於淨器，靜深不動，沙土自沈，清水現前，名爲初伏客塵煩惱。去泥純水，名爲永斷根本無明；明相精純，一切變現，不爲煩惱，皆合涅槃清淨妙德。」

「第二義者，汝等必欲發菩提心，於菩薩乘，生大勇猛，決定棄捐諸有爲相，應當審詳煩惱根本，此無始來，發業潤生，誰作誰受？阿難！汝修菩提，若不審觀煩惱根本，則不能知虛妄根塵，何處顛倒；處尚不知，云何降伏，取如來位？阿難！汝觀世間解結之人，不見所結，云何知解？不聞虛空，被汝隳裂，何以故？空無相形，無結解故。則汝現前眼、耳、鼻、舌，及與身心，六爲賊媒，自劫家寶；由此無始衆生世界，生纏縛故，於器世間，不能超越。」

「阿難！云何名爲衆生世界？世爲遷流，界爲方位；汝今當知，東西南北，東南、西南、東北、西北，上下爲界，過去、未來、現在爲世；方位有十，流數有三，一切衆生，織妄相成，身中貿遷，世界相涉；而此界性，設雖十方，定位可明。世間祇目東西南北，上下無位，中無定方，四數必明，與世相涉，三四、四三，宛轉十二，流變三疊，一十百千，總括始終，六根之中，各各功德，有千二百。」

「阿難！汝復於中，克定優劣，如眼觀見，後暗前明，前方全明，後方全暗，左右旁觀，三分之二，統論所作，功德不全；三分言功，一分無德，當知眼唯八百功德。如耳周聽，十方無遺，動若邇遙，諍無邊際，當知耳根，圓滿一千二百功德。如鼻嗅聞，通出入息，有出有入，而闕中交，驗於鼻根，三分闕一，當知鼻唯八百功德。如舌宣揚，盡諸世間出世間智，言有方分，理無窮盡，當知舌根，圓滿一千二百功德。如身覺觸，識於違順，合時能覺，離中不知，離一合雙，驗於舌根，三分闕一，當知身唯八百功德。如意默容，十方三世，一切世間出世間法，惟聖與凡，無不苞容，盡其涯際，當知意根，圓滿一千二百功德。」

「阿難！汝今欲逆生死欲流，返窮流根，至不生滅；當驗此等，六受用根，誰合？誰離？誰深？誰淺？誰爲圓通？誰不圓滿？若能於此，悟圓通根，逆彼無始織妄業流，得循圓通，與不圓根，日劫相倍；我今備顯六湛圓明，本所功德，數量如是；隨汝詳擇，其可入者，吾當發明，令汝增進。十方如來，於十八界，一一修行，皆得圓滿無上菩提，於其中間，亦無優劣；但汝下劣，未能於中圓自在慧，故我宣揚，令汝但於一門深入，入一無妄，彼六知根，一時清淨。」

阿難白佛言：「世尊！云何逆流，深入一門，能令六根，一時清淨？」佛告阿難：「汝今已得須陀洹果，已滅三界衆生世間，見所斷惑；然猶未知，根中積生，無始虛習，彼習要因修所斷得；何況此中，生住異滅，分劑頭數？今汝且觀：現前六根，爲一？爲六？阿難！若言一者，耳何不見？目何不聞？頭奚不履？足奚無語？若此六根，決定成六，如我今會，與汝宣揚，微妙法門，汝之六根，誰來領受？」阿難言：「我用耳聞。」

佛言：「汝耳自聞，何關身口？口來問義，身起欽承；是故應知：非一終六，非六終一，終不汝根，元一元六。阿難！當知是根，非一非六，由無始來，顛倒淪替，故於圓湛，一六義生。汝須陀洹，雖得六銷，猶未亡一。如太虛空，參合羣器，由器形異，名之異空；除器觀空，說空爲一。彼太虛空，云何爲汝，成同不同？何況更名，是一非一？則汝了知，六受用根，亦復如是。由明暗等，二種相形，於妙圓中，黏湛發見；見精映色，結色成根，根元目爲，清淨四大；因名眼體，如蒲萄朵，浮根四塵，流逸奔色。由動靜等，二種相擊，於妙圓中，黏湛發聽，聽精映聲，卷聲成根，根元目爲，清淨四大；因名耳體，如新卷葉，浮根四塵，流逸奔聲。由通塞等，二種相發，於妙圓中，黏湛發嗅，嗅精映香，納香成根，根元目爲，清淨四大；因名鼻體，如雙垂爪，浮根四塵，流逸奔香。由恬變等，二種相參，於妙圓中，黏湛發嘗，嘗精映味，絞味成根，根元目爲，清淨四大；因名舌體，如初偃月，浮根四塵，流逸奔味。由離合等，二種相摩，於妙圓中，黏湛發覺，覺精映觸，摶觸成根，根元目爲，清淨四大；因名身體，如腰鼓顙，浮根四塵，流逸奔觸。由生滅等，二種相續，於妙圓中，黏湛發知，知精映法，覽法成根，根元目爲，清淨四大；因名意思，如幽室見，浮根四塵，流逸奔法。」

「阿難！如是六根，由彼覺明，有明明覺，失彼精了，黏妄發光，是以汝今離暗、離明，無有見體；離動、離靜，元無聽質；無通、無塞，嗅性不生；非變、非恬，嘗無所出；不離、不合，覺觸本無；無滅、無生，了知安寄！汝但不循動、靜、合、離，恬、變、通、塞，生、滅、明、暗，如是十二諸有爲相；隨拔一根，脫黏內伏，伏歸元真，發本明耀，耀性發明，諸餘五黏，應拔圓脫。不由前塵所起知見，明不循根，寄根明發，由是六根，互相爲用。」

「阿難！汝豈不知：今此會中，阿那律陀，無目而見；跋難陀龍，無身而聽；殑伽神女，非鼻聞香；驕梵鉢提，異舌知味；舜若多神，無身有觸；如來光中，映令暫現，既爲風質，其體元無，諸滅盡定，得寂聲聞，如此會中，摩訶迦葉，久滅意根，圓明了知，不因心念。」

「阿難！今汝諸根，若圓拔已，內瑩發光，如是浮塵，及器世間，諸變化相，如湯銷冰，應念化成，無上知覺。阿難！如彼世人，聚見於眼，若令急合，暗相現前，六根黯然，頭足相類，彼人以手，循體外繞，彼雖不見，頭足一辨，知覺是同；緣見因明，暗成無見，不明自發，則諸暗相，永不能昏，根塵既銷，云何覺明，不成圓妙？」

阿難白佛言：「世尊！如佛說言，因地覺心，欲求常住，要與果位名目相應。世尊！如果位中，菩提、涅槃、真如、佛性、菴摩羅識、空如來藏、大圓鏡智，是七種名，稱謂雖別，清淨圓滿，體性堅凝，如金剛王，常住不壞。若此見聽，離於明暗、動靜、通塞，畢竟無體，猶如念心，離於前塵，本無所有；云何將此畢竟斷滅以爲修因，欲獲如來，七常住果？世尊！若離明暗，見畢竟空；如無前塵，念自性滅；進退循環，微細推求，本無我心，及我心所，將誰立因，求無上覺？如來先說：湛精圓常。違越誠言，終成戲論！云何如來，真實語者？惟垂大慈，開我蒙恪。」

佛告阿難：「汝學多聞，未盡諸漏。心中徒知顛倒所因，真倒現前，實未能識！恐汝誠心，猶未信伏，吾今試將塵俗諸事，當除汝疑。」即時，如來勅羅睺羅擊鐘一聲，問阿難言：「汝今聞不？」阿難、大衆俱言：「我聞。」鐘歇無聲，佛又問言：「汝今聞不？」阿難、大衆俱言：

「不聞。」時，羅睺羅又擊一聲，佛又問言：「汝今聞不？」阿難、大衆又言：「俱聞。」佛問阿難：「汝云何聞？云何不聞？」阿難、大衆俱白佛言：「鐘聲若擊，則我得聞，擊久聲銷，音響雙絕，則名無聞。」如來又勑羅睺羅擊鐘，問阿難言：「爾今聲不？」阿難、大衆俱言：「有聲。」少選聲銷，佛又問言：「爾今聲不？」阿難、大衆答言：「無聲。」有頃，羅睺羅更來撞鐘，佛又問言：「爾今聲不？」阿難、大衆俱言：「有聲。」佛問阿難：「汝云何聲？云何無聲？」阿難、大衆俱白佛言：「鐘聲若擊，則名有聲，擊久聲銷，音響雙絕，則名無聲。」佛語阿難及諸大衆：「汝今云何自語矯亂？」大衆、阿難俱時問佛：「我今云何名爲矯亂？」

佛言：「我問汝聞，汝則言聞；又問汝聲，汝則言聲。唯聞與聲，報答無定，如是云何不名矯亂？阿難！聲銷無響，汝說無聞。若實無聞，聞性已滅，同於枯木，鐘聲更擊，汝云何知？知有知無，自是聲塵，或無或有；豈彼聞性，爲汝有無？聞實云無，誰知無者？」

「是故，阿難！聲於聞中，自有生滅，非爲汝聞，聲生聲滅，令汝聞性，爲有爲無。汝尚顛倒，惑聲爲聞，何怪昏迷，以常爲斷，終不應言：離諸動靜、閉塞、開通，說聞無性。如重睡人，眠熟床枕，其家有人，於彼睡時，擣練舂米；其人夢中，聞舂擣聲，別作他物，或爲擊鼓，或復撞鐘，即於夢時自怪其鐘爲木石響。於時忽寤，遄知杵音，自告家人：『我正夢時，惑此舂音，將爲鼓響。』阿難！是人夢中，豈憶靜搖、開閉、通塞？其形雖寐，聞性不昏，縱汝形銷，命光遷謝，此性云何爲汝銷滅？以諸衆生從無始來，循諸色聲，逐念流轉，曾不開悟，性淨妙常，不循所常，逐諸生滅，由是生生，雜染流轉，若棄生滅，守於真常，常光現前，塵根識心，應時銷落，想相爲塵，識情爲垢，二俱遠離，則汝法眼，應時清明，云何不成無上知覺？」

大佛頂首楞嚴經卷第五

阿難白佛言：「世尊！如來雖説第二義門，今觀世間解結之人，若不知其所結之元，我信是人，終不能解。世尊！我及會中，有學聲聞，亦復如是；從無始際，與諸無明，俱滅俱生，雖得如是多聞善根，名爲出家，猶隔日瘧。唯願大慈，哀愍淪溺。今日身心，云何是結？從何名解？亦令未來苦難衆生，得免輪迴，不落三有。」作是語已，普及大衆，五體投地，雨淚翹誠，佇佛如來，無上開示。

爾時，世尊憐愍阿難，及諸會中諸有學者；亦爲未來一切衆生，爲出世因，作將來眼。以閻浮檀紫光金手，摩阿難頂；即時，十方普佛世界，六種震動，微塵如來，住世界者，各有寶光從其頂出；其光同時於彼世界，來祇陀林，灌如來頂。是諸大衆，得未曾有。於是阿難，及諸大衆，俱聞十方微塵如來，異口同音，告阿難言：「善哉，阿難！汝欲識知，俱生無明，使汝輪轉，生死結根，唯汝六根，更無他物。汝復欲知無上菩提，令汝速證安樂解脫，寂靜妙常，亦汝六根，更非他物。」阿難雖聞如是法音，心猶未明，稽首白佛：「云何令我生死輪迴，安樂妙常，同是六根，更非他物？」佛告阿難：「根塵同源，縛脫無二，識性虛妄，猶如空華。阿難！由塵發知，因根有相，相見無性，同於交蘆。是故，汝今知見立知，即無明本，知見無見，斯即涅槃，無漏真淨。云何是中更容他物？」爾時，世尊欲重宣此義，而說偈言：

真性有爲空，緣生故如幻；無爲無起滅，不實如空華。
言妄顯諸真，妄真同二妄；猶非真非真，云何見所見？

中間無實性，是故若交蘆。結解同所因，聖凡無二路。
汝觀交中性，空有二俱非。迷晦即無明，發明便解脫。
解結因次第，六解一亦亡；根選擇圓通，入流成正覺。
陀那微細識，習氣成暴流；真非真恐迷，我常不開演。
自心取自心，非幻成幻法；不取無非幻，非幻尚不生，
幻法云何立？是名妙蓮華，金剛王寶覺。如幻三摩提，
彈指超無學。此阿毗達磨，十方薄伽梵，一路涅槃門。

於是阿難，及諸大眾，聞佛如來無上慈誨，祇夜伽陀，雜糅精瑩，妙理清徹，心目開明，歎未曾有！阿難合掌頂禮白佛：「我今聞佛，無遮大悲，性淨妙常，真實法句，心猶未達六解一亡，舒結倫次。惟垂大慈，再愍斯會，及與將來，施以法音，洗滌沈垢。」

即時，如來於師子座，整涅槃僧，斂僧伽梨，覽七寶几，引手於几，取劫波羅天所奉華巾，於大眾前綰成一結，示阿難言：「此名何等？」阿

難大衆俱白佛言：「此名爲結。」於是如來綰疊華巾，又成一結，重問阿難：「此名何等？」阿難大衆又白佛言：「此亦名結。」如是倫次綰疊華巾，總成六結。一一結成，皆取手中所成之結，持問阿難：「此名何等？」阿難大衆亦復如是，次第酬佛：「此名爲結。」

佛告阿難：「我初綰巾，汝名爲結。此疊華巾，先實一條，第二、第三，云何汝曹復名爲結？」阿難白佛言：「世尊！此寶疊華巾，緝績成巾，雖本一體，如我思惟，如來一綰，得一結名；若百綰成，終名百結。何況此巾，祇有六結，終不至七、亦不停五。云何如來祇許初時，第二、第三，不名爲結？」佛告阿難：「此寶華巾，汝知此巾元止一條，我六綰時，名有六結。汝審觀察，巾體是同，因結有異。於意云何，初綰結成，名爲第一，如是乃至第六結生？吾今欲將第六結名，成第一不？」「不也，世尊！六結若存，斯第六名，終非第一。縱我歷生盡其明辯，如何令是六結亂名？」

佛言：「如是！六結不同，循顧本因，一巾所造，令其雜亂，終不得成。則汝六根亦復如是，畢竟同中，生畢竟異。」佛告阿難：「汝必嫌此六結不成，願樂一成，復云何得？」阿難言：「此結若存，是非鋒起，於中自生，此結非彼，彼結非此；如來今日若總解除，結若不生，則無彼此，尚不名一，六云何成？」佛告：「六解一亡，亦復如是。由汝無始心性狂亂，知見妄發，發妄不息，勞見發塵，如勞目睛，則有狂華，於湛精明，無因亂起。一切世間，山河大地，生死涅槃，皆即狂勞，顛倒華相。」阿難言：「此勞同結，云何解除？」如來以手，將所結巾，偏掣其左，問阿難言：「如是解不？」「不也，世尊！」旋復以手遍牽右邊，又問阿難：「如是解不？」「不也，世尊！」

佛告阿難：「吾今以手，左右各牽，竟不能解，汝設方便，云何成解？」阿難白佛言：「世尊！當於結心，解即分散。」佛告阿難：「如是如是！若欲除結，當於結心。阿難！我說佛法，從因緣生，非取世間和合麤相。如來發明世出世法，知其本因，隨所緣出；如是乃至恆沙界外，一滴之雨，亦知頭數，現前種種，松直棘曲，鵠白烏玄，皆了元由。是故，阿難！隨汝心中，選擇六根，根結若除，塵相自滅，諸妄銷亡，不真何待？阿難！吾今問汝：此劫波羅巾，六結現前，同時解縈，得同除不？」「不也，世尊！是結本以次第綰生，今日當須次第而解，六結同體，結不同時，則結解時，云何同除？」佛言：「六根解除，亦復如是。此根初解，先得人空；空性圓明，成法解脫。解脫法已，俱空不生；是名菩薩，從三摩地，得無生忍。」

阿難及諸大衆，蒙佛開示，慧覺圓通，得無疑惑。一時合掌，頂禮雙足而白佛言：「我等今日，身心皎然，快得無礙。雖復悟知，一六亡義，然猶未達圓通本根。世尊！我輩飄零，積劫孤露，何心何慮，預佛天倫，如失乳兒，忽遇慈母。若復因此，際會道成，所得密言，還同本悟，則與未聞，無有差別。惟垂大悲，惠我祕嚴，成就如來最後開示。」作是語已，五體投地，退藏密機，冀佛冥授。

爾時，世尊普告衆中，諸大菩薩，及諸漏盡，大阿羅漢：「汝等菩薩，及阿羅漢，生我法中，得成無學。吾今問汝：最初發心，悟十八界，誰爲圓通？從何方便，入三摩地？」

憍陳那五比丘，即從座起，頂禮佛足，而白佛言：「我在鹿苑及於雞園，觀見如來，最初成道，於佛音聲，悟明四諦。佛問比丘，我初稱解，如來印我，名阿若多，妙音密圓，我於音聲，得阿羅漢。佛問圓通，如我所證，音聲爲上。」

優波尼沙陀即從座起，頂禮佛足，而白佛言：「我亦觀佛，最初成道，觀不淨相，生大厭離，悟諸色性，以從不淨，白骨微塵，歸於虛空，空色二無，成無學道。如來印我，名尼沙陀，塵色既盡，妙色密圓，我從色相，得阿羅漢。佛問圓通，如我所證，色因爲上。」

香嚴童子即從座起，頂禮佛足，而白佛言：「我聞如來，教我諦觀，諸有爲相。我時辭佛，宴晦清齋，見諸比丘，燒沈水香，香氣寂然，來入鼻中。我觀此氣，非木、非空、非煙、非火，去無所著，來無所從；由是意銷，發明無漏。如來印我，得香嚴號，塵氣倏滅，妙香密圓，我從香嚴，得阿羅漢。佛問圓通，如我所證，香嚴爲上。」

藥王、藥上二法王子，并在會中，五百梵天，即從座起，頂禮佛足，而白佛言：「我無始劫，爲世良醫，口中嘗此娑婆世界，草木、金石，名數凡有十萬八千，如是悉知，苦、醋、鹹、淡、甘、辛等味，並諸和合，俱生變異，是冷、是熱、有毒、無毒，悉能遍知。承事如來，了知味性，非空、非有、非即身心，非離身心，分別味因，從是開悟。蒙佛如來，印我昆季，藥王、藥上二菩薩名，今於會中，爲法王子，因味覺明，位登菩薩。佛問圓通，如我所證，味因爲上。」

跋陀婆羅，并其同伴，十六開士，即從座起，頂禮佛足，而白佛言：「我等先於威音王佛，聞法出家，於浴僧時，隨例入室，忽悟水因，既不洗塵，亦不洗體，中間安然，得無所有。宿習無忘，乃至今時，從佛出家，今得無學，彼佛名我，跋陀婆羅，妙觸宣明，成佛子住。佛問圓通，如我所證，觸因爲上。」

摩訶迦葉，及紫金光比丘尼等，即從座起，頂禮佛足，而白佛言：「我於往劫於此界中，有佛出世，名日月燈，我得親近，聞法修學，佛滅度後，供養舍利，然燈續明，以紫光金，塗佛形像，自爾已來，世世生生，身常圓滿，紫金光聚；此紫金光比丘尼等，即我眷屬，同時發心。我觀世間六塵變壞，唯以空寂修於滅盡，身心乃能，度百千劫，猶如彈指。我以空法，成阿羅漢，世尊說我頭陀爲最，妙法開明，銷滅諸漏。佛問圓通，如我所證，法因爲上。」

阿那律陀即從座起，頂禮佛足，而白佛言：「我初出家，常樂睡眠，如來訶我爲畜生類。我聞佛訶，啼泣自責，七日不眠，失其雙目。世尊示我，樂見照明金剛三昧。我不因眼，觀見十方，精真洞然，如觀掌果，如來印我，成阿羅漢。佛問圓通，如我所證，旋見循元，斯爲第一。」

周利槃特迦即從座起，頂禮佛足，而白佛言：「我闕誦持，無多聞性，最初值佛，聞法出家，憶持如來，一句伽陀，於一百日，得前遺後，得後遺前。佛愍我愚，教我安居，調出入息，我時觀息，微細窮盡，生住異滅，諸行剎那，其心豁然，得大無礙，乃至漏盡，成阿羅漢，住佛座下，印成無學。佛問圓通，如我所證，返息循空，斯爲第一。」

憍梵鉢提即從座起，頂禮佛足，而白佛言：「我有口業，於過去劫，輕弄沙門，世世生生，有牛呞病。如來示我：一味清淨，心地法門，我得滅心，入三摩地，觀味之知，非體非物，應念得超，世間諸漏。內脫身心，外遺世界，遠離三有，如鳥出籠，離垢銷塵，法眼清淨，成阿羅漢。如來親印，登無學道。佛問圓通，如我所證，還味旋知，斯爲第一。」

畢陵伽婆蹉即從座起，頂禮佛足，而白佛言：「我初發心，從佛入道，數聞如來，説諸世間，不可樂事。乞食城中，心思法門，不覺路中，毒刺傷足，舉身疼痛！我念有知，知此深痛，雖覺覺痛，覺清淨心，無痛痛覺。我又思惟：如是一身，寧有雙覺？攝念未久，身心忽空，三七日中，諸漏虛盡，成阿羅漢。得親印記，發明無學。佛問圓通，如我所證，純覺遺身，斯爲第一。」

須菩提即從座起，頂禮佛足，而白佛言：「我曠劫來，心得無礙，自憶受生，如恆河沙，初在母胎，即知空寂，如是乃至十方成空，亦令衆生，證得空性。蒙如來發，性覺真空，空性圓明，得阿羅漢，頓入如來寶明空海，同佛知見，印成無學，解脫性空，我爲無上。佛問圓通，如來所證，諸相入非，非所非盡，旋法歸無，斯爲第一。」

舍利弗即從座起，頂禮佛足，而白佛言：「我曠劫來，心見清淨，如是受生，如恆河沙，世出世間，種種變化，一見則通，獲無障礙。我於路中，逢迦葉波，兄弟相逐，宣說因緣，悟心無際。從佛出家，見覺明圓，得大無畏，成阿羅漢，爲佛長子，從佛口生，從法化生。佛問圓通，如我所證，心見發光，光極知見，斯爲第一。」

普賢菩薩即從座起，頂禮佛足，而白佛言：「我已曾與恆沙如來爲法王子，十方如來，教其弟子，菩薩根者，修普賢行，從我立名。世尊！我用心聞，分別衆生，所有知見，若於他方恆沙界外，有一衆生，心中發明普賢行者，我於爾時，乘六牙象，分身百千，皆至其處，縱彼障深，未得見我，我與其人，暗中摩頂，擁護安慰，令其成就。佛問圓通，我說本因，心聞發明，分別自在，斯爲第一。」

孫陀羅難陀即從座起，頂禮佛足，而白佛言：「我初出家，從佛入道，雖具戒律，於三摩提，心常散動，未獲無漏。世尊教我，及俱絺羅，觀鼻端白。我初諦觀，經三七日，見鼻中氣，出入如煙，身心內明，圓洞世界，遍成虛淨，猶如琉璃，煙相漸銷，鼻息成白，心開漏盡，諸出入息，化爲光明，照十方界，得阿羅漢，世尊記我，當得菩提。佛問圓通，我以銷息，息久發明，明圓滅漏，斯爲第一。」

富樓那彌多羅尼子即從座起，頂禮佛足，而白佛言：「我曠劫來，辯才無礙，宣說苦空，深達實相，如是乃至恒沙如來祕密法門，我於衆中，微妙開示，得無所畏。世尊知我有大辯才，以音聲輪，教我發揚。我於佛前助佛轉輪，因師子吼，成阿羅漢，世尊印我，說法無上。佛問圓通，我以法音，降伏魔怨，銷滅諸漏，斯爲第一。」

優波離即從座起，頂禮佛足，而白佛言：「我親隨佛，踰城出家，親觀如來六年勤苦；親見如來降伏諸魔，制諸外道，解脫世間貪欲諸漏。承佛教戒，如是乃至三千威儀，八萬微細，性業遮業，悉皆清淨，身心寂滅，成阿羅漢。我是如來衆中綱紀，親印我心，持戒修身，衆推無上。佛問圓通，我以執身，身得自在；次第執心，心得通達，然後身心一切通利，斯爲第一。」

大目犍連即從座起，頂禮佛足，而白佛言：「我初於路乞食，逢遇優樓頻螺、伽耶、那提三迦葉波，宣說如來因緣深義，我頓發心，得大通達，如來惠我袈裟著身，鬚髮自落。我遊十方，得無罣礙，神通發明，推爲無上，成阿羅漢。寧唯世尊，十方如來，歎我神力，圓明清淨，自在無畏。佛問圓通，我以旋湛，心光發宣，如澄濁流，久成清瑩，斯爲第一。」

烏芻瑟摩於如來前，合掌頂禮佛之雙足，而白佛言：「我常先憶久遠劫前，性多貪欲，有佛出世，名曰空王，說多淫人，成猛火聚，教我遍觀，百骸四肢，諸冷暖氣。神光內凝，化多淫心，成智慧火，從是諸佛，皆呼召我，名爲火頭。我以火光三昧力故，成阿羅漢，心發大願：諸佛成道，我爲力士，親伏魔怨。佛問圓通，我以諦觀身心暖觸，無礙流通，諸漏既銷，生大寶焰，登無上覺，斯爲第一。」

持地菩薩即從座起，頂禮佛足，而白佛言：「我念往昔，普光如來，出現於世，我爲比丘，常於一切要路津口，田地險隘，有不如法，妨損車馬，我皆平填，或作橋梁，或負沙土；如是勤苦，經無量佛，出現於世。或有衆生，於闤闠處，要人擎物，我先爲擎，至其所詣，放物即行，不取其直。毗舍浮佛，現在世時，世多饑荒，我爲負人，無問遠近，唯取一錢。或有車牛，被於陷溺，我有神力，爲其推輪，拔其苦惱。時，國大王筵佛設齋，我於爾時，平地待佛，毗舍如來摩頂謂我：『當平心地，則世界地一切皆平。』我即心開，見身微塵，與造世界，所有微塵，等無差別，微塵自性，不相觸摩，乃至刀兵，亦無所觸。我於法性，悟無生忍，成阿羅漢，迴心今入菩薩位中。聞諸如來，宣妙蓮華，佛知見地，我先證明，而爲上首。佛問圓通，我以諦觀，身界二塵，等無差別，本如來藏，虛妄發塵，塵銷智圓，成無上道，斯爲第一。」

月光童子即從座起，頂禮佛足，而白佛言：「我憶往昔，恆河沙劫，有佛出世，名爲水天，教諸菩薩，修習水精，入三摩地。觀於身中，水性無奪：初從涕唾，如是窮盡，津液精血，大小便利，身中漩澓，水性一同。見水身中，與世界外，浮幢王剎、諸香水海等無差別。我於是時，初成此觀，但見其水，未得無身，當爲比丘，室中安禪。我有弟子，窺窗觀室，唯見清水，遍在屋中，了無所見；童稚無知，取一瓦礫投於水內，激水作聲，顧盼而去。我出定後，頓覺心痛，如舍利弗，遭違害鬼。我自思惟：今我已得阿羅漢道，久離病緣，云何今日，忽生心痛，將無退失？爾時，童子捷來我前，說如上事。我則告言：『汝更見水，可即開門，入此水中，除去瓦礫。』童子奉教，後入定時，還復見水，瓦礫宛然，開門除出；我後出定，身質如初。逢無量佛，如是至於山海自在通王如來，方得亡身，與十方界，諸香水海，性合真空，無二無別。今於如來，得童真名，預菩薩會。佛問圓通，我以水性，一味流通，得無生忍，圓滿菩提，斯爲第一。」

琉璃光法王子即從座起，頂禮佛足，而白佛言：「我憶往昔，經恆沙劫，有佛出世，名無量聲，開示菩薩，本覺妙明，觀此世界，及衆生身，皆是妄緣，風力所轉。我於爾時，觀界安立，觀世動時，觀身動止，觀心動念，諸動無二，等無差別。我時了覺此羣動性，來無所從，去無所至，十方微塵、顛倒衆生，同一虛妄。如是乃至三千大千一世界內所有衆生，如一器中，貯百蚊蚋，啾啾亂鳴，於分寸中，鼓發狂鬧；逢佛未幾，得無生忍，爾時心開，乃見東方不動佛國，爲法王子，事十方佛，身心發光，洞徹無礙。佛問圓通，我以觀察，風力無依，悟菩提心，入三摩地，合十方佛，傳一妙心，斯爲第一。」

虛空藏菩薩即從座起，頂禮佛足，而白佛言：「我與如來，定光佛所，得無邊身。爾時，手執四大寶珠，照明十方微塵佛剎，化成虛空。又於自心現大圓鏡，內放十種微妙寶光，流灌十方，盡虛空際；諸幢王剎，來入鏡內，涉入我身，身同虛空，不相妨礙。身能善入微塵國土，廣行佛事，得大隨順。此大神力，由我諦觀：四大無依，妄想生滅，虛空無二，佛國本同，於同發明得無生忍。佛問圓通，我以觀察虛空無邊，入三摩地，妙力圓明，斯爲第一。」

彌勒菩薩即從座起，頂禮佛足，而白佛言：「我憶往昔，經微塵劫，有佛出世，名日月燈明，我從彼佛而得出家，心重世名，好遊族姓；爾時，世尊教我修習，唯心識定，入三摩地，歷劫已來，以此三昧，事恆沙佛，求世名心，歇滅無有。至然燈佛出現於世，我乃得成無上妙圓，識心三昧；乃至盡空如來國土，淨穢有無，皆是我心變化所現。世尊！我了如是，唯心識故，識性流出無量如來，今得授記，次補佛處。佛問圓通，我以諦觀十方唯識，識心圓明，入圓成實，遠離依他，及遍計執，得無生忍，斯爲第一。」

大勢至法王子與其同倫五十二菩薩，即從座起，頂禮佛足，而白佛言：「我憶往昔，恆河沙劫，有佛出世，名無量光，十二如來，相繼一劫，其最後佛，名超日月光，彼佛教我念佛三昧。譬如有人，一專爲憶，一人專忘，如是二人，若逢不逢，或見非見，二人相憶，二憶念深，如是乃至從生至生，同於形影，不相乖異。十方如來，憐念衆生，如母憶子，若子逃逝，雖憶何爲？子若憶母，如母憶時，母子歷生，不相違遠。若衆生心，憶佛、念佛，現前當來，必定見佛；去佛不遠，不假方便，自得心開，如染香人，身有香氣，此則名曰：香光莊嚴。我本因地，以念佛心，入無生忍，今於此界，攝念佛人歸於淨土。佛問圓通，我無選擇，都攝六根，淨念相繼，得三摩地，斯爲第一。」

大佛頂首楞嚴經卷第六

爾時，觀世音菩薩即從座起，頂禮佛足，而白佛言：「世尊！憶念我昔，無數恆河沙劫，於時有佛出現於世，名觀世音。我於彼佛，發菩提心，彼佛教我從聞、思、修入三摩地。初於聞中，入流亡所，所入既寂，動靜二相，了然不生；如是漸增，聞所聞盡；盡聞不住，覺所覺空；空覺極圓，空所空滅；生滅既滅，寂滅現前。忽然超越世出世間，十方圓明，獲二殊勝。一者，上合十方諸佛本妙覺心，與佛如來，同一慈力；二者，下合十方一切六道衆生，與諸衆生，同一悲仰。」

「世尊！由我供養觀音如來，蒙彼如來，授我如幻，聞薰聞修，金剛三昧。與佛如來同慈力故，令我身成三十二應，入諸國土。世尊！若諸菩薩，入三摩地，進修無漏，勝解現圓，我現佛身，而爲說法，令其解脫。若諸有學，寂靜妙明，勝妙現圓，我於彼前，現獨覺身，而爲說法，令其解脫。若諸有學，斷十二緣，緣斷勝性，勝妙現圓；我於彼前，現緣覺身，而爲說法，令其解脫。若諸有學，得四諦空，修道入滅，勝性現圓，我於彼前，現聲聞身而爲說法，令其解脫。」

「若諸衆生，欲心明悟，不犯欲塵，欲身清淨，我於彼前，現梵王身，而爲說法，令其解脫。若諸衆生，欲爲天主，統領諸天，我於彼前，現帝釋身，而爲說法，令其成就。若諸衆生，欲身自在，遊行十方；我於彼前，現自在天身，而爲說法，令其成就。若諸衆生，欲身自在，飛行虛空；我於彼前，現大自在天身，而爲說法，令其成就。若諸衆生，愛統鬼神，救護國土；我於彼前，現天大將軍身，而爲說法，令其成就。若諸衆生，愛統世界，保護衆生；我於彼前，現四天王身，而爲說法，令其成就。若諸衆生，愛生天宮，驅使鬼神；我彼於前，現四天王國太子身，而爲說法，令其成就。若諸衆生，樂爲人王，我於彼前，現人王身，而爲說法，令其成就。若諸衆生，愛主族姓，世間推讓；我於彼前，現長者身，而爲說法，令其成就。若諸衆生，愛談名言，清淨自居；我於彼前，現居士身，而爲說法，令其成就。若諸衆生，愛治國土，剖斷邦邑；我於彼前，現宰官身，而爲說法，令其成就。若諸衆生，愛諸數術，攝衞自居；我於彼前，現婆羅門身，而爲說法，令其成就。

「若有男子，好學出家，持諸戒律；我於彼前，現比丘身，而爲說法，令其成就。若有女子，好學出家，持諸禁戒；我於彼前，現比丘尼身，而爲說法，令其成就。若有男子，樂持五戒；我於彼前，現優婆塞身，而爲說法，令其成就。若復女子，五戒自居；我於彼前，現優婆夷身，而爲說法，令其成就。若有女人，內政立身，以修家國；我於彼前，現女主身，及國夫人，命婦大家，而爲說法，令其成就。若有衆生，不壞男根；我於彼前，現童男身，而爲說法，令其成就。若有處女，愛樂處身，不求侵暴；我於彼前，現童女身，而爲說法，令其成就。」

「若有諸天，樂出天倫，我現天身，而爲說法，令其成就。若有諸龍，樂出龍倫；我現龍身，而爲說法，令其成就。若有藥叉，樂度本倫；我於彼前，現藥叉身，而爲說法，令其成就。若乾闥婆，樂脫其倫；我於彼前，現乾闥婆身，而爲說法，令其成就。若阿修羅，樂脫其倫；我於彼前，現阿修羅身，而爲說法，令其成就。若緊那羅，樂脫其倫；我於彼前，現緊那羅身，而爲說法，令其成就。若摩呼羅伽，樂脫其倫；我於彼前，現摩呼羅伽身，而爲說法，令其成就。若諸衆生，樂人修人；我現人身，而爲說法，令其成就。若諸非人，有形無形，有想無想，樂度其倫；我於彼前，皆現其身，而爲說法，令其成就。是名妙淨、三十二應、入國土身，皆以三昧，聞薰、聞修，無作妙力，自在成就。」

「世尊！我復以此聞薰、聞修，金剛三昧，無作妙力，與諸十方、三世、六道一切衆生，同悲仰故；令諸衆生，於我身心，獲十四種無畏功德。一者，由我不自觀音，以觀觀者，令彼十方苦惱衆生，觀其音聲，即得解脫。二者，知見旋復，令諸衆生，設入大火，火不能燒。三者，觀聽旋復，令諸衆生，大水所漂，水不能溺。四者，斷滅妄想，心無殺害，令諸衆生，入諸鬼國，鬼不能害。五者，薰聞成聞，六根銷復，同於聲聽，能令衆生，臨當被害，刀段段壞，使其兵戈，猶如割水，亦如吹光，性無搖動。六者，聞薰精明，明遍法界，則諸幽暗，性不能全，能令衆生、藥叉、羅刹、鳩槃荼鬼，及毗舍遮、富單那等，雖近其傍，目不能視。七者，音性圓銷，觀聽返入，離諸塵妄，能令衆生，禁繫枷鎖，所不能著。八者，滅音圓聞，遍生慈力，能令衆生，經過嶮路，賊不能劫。九者，薰聞離塵，色所不劫，能令一切多淫衆生，遠離貪欲。十者，純音無塵，根境圓融，無對所對，能令一切忿恨衆生，離諸瞋恚。十一者，銷塵旋明，法界身心，猶如琉璃，朗徹無礙，能令一切昏鈍性障，諸阿顛迦，永離癡暗。十二者，融形復聞，不動道場，涉入世間，不壞世界，能遍十方，供養微塵諸佛如來，各各佛邊爲法王子；能令法界，無子衆生，欲求男者，誕生福德智慧之男。十三者，六根圓通，明照無二，含十方界，立大圓鏡，空如來藏，承順十方微塵如來，祕密法門，受領無失，能令法界無子眾生，欲求女者，誕生端正、福德、柔順、眾人愛敬、有相之女。十四者，此三千大千世界，百億日月，現住世間諸法王子，有六十二恆河沙數，修法垂範，教化眾生，隨順眾生，方便智慧，各各不同；由我所得圓通本根，發妙耳門，然後身心微妙含容，遍周法界，能令眾生，持我名號，與彼共持六十二恆河沙諸法王子，二人福德，正等無異。世尊！我一號名，與彼眾多名號無異，由我修習，得真圓通，是名十四施無畏力，福備眾生。」

「世尊！我又獲是圓通，修證無上道故，又能善獲四不思議無作妙德。一者，由我初獲妙妙聞心，心精遺聞，見聞覺知，不能分隔，成一圓融清淨寶覺，故我能現眾多妙容，能說無邊祕密神咒。其中或現一首、三首、五首、七首、九首、十一首，如是乃至一百八首、千首、萬首、八萬四千爍迦羅首。二臂、四臂、六臂、八臂、十臂，十二臂，十四、十六、十八、二十至二十四，如是乃至一百八臂、千臂、萬臂、八萬四千母陀羅臂。二目、三目、四目、九目，如是乃至一百八目、千目、萬目、八萬四千清淨寶目。或慈、或威、或定、或慧，救護衆生，得大自在。二者，由我聞思，脫出六塵，如聲度垣，不能爲礙，故我妙能現一一形，誦一一咒，其形其咒，能以無畏，施諸衆生，是故十方微塵國土，皆名我爲施無畏者。三者，由我修習，本妙圓通，清淨本根，所遊世界，皆令衆生，捨身珍寶，求我哀愍。四者，我得佛心，證於究竟，能以珍寶，種種供養十方如來，傍及法界六道衆生；求妻得妻，求子得子，求三昧得三昧，求長壽得長壽，如是乃至求大涅槃得大涅槃。」

「佛問圓通，我從耳門圓照三昧，緣心自在，因入流相，得三摩地，成就菩提，斯爲第一。世尊！彼佛如來，歎我善得圓通法門，於大會中，授記我爲觀世音號，由我觀聽十方圓明，故觀音名遍十方界。」

爾時，世尊於師子座，從其五體同放寶光，遠灌十方微塵如來，及法王子諸菩薩頂。彼諸如來，亦於五體同放寶光，從微塵方來灌佛頂，并灌會中諸大菩薩及阿羅漢。林木池沼，皆演法音，交光相羅，如寶絲網。是諸大衆，得未曾有，一切普獲金剛三昧。即時，天雨百寶蓮華，青黃赤白，間錯紛糅，十方虛空成七寶色。此娑婆界，大地山河，俱時不現，唯見十方微塵國土，合成一界，梵唄詠歌，自然敷奏。

於是如來告文殊師利法王子：「汝今觀此二十五無學諸大菩薩及阿羅漢，各說最初成道方便，皆言修習真實圓通，彼等修行，實無優劣，前後差別。我今欲令阿難開悟，二十五行，誰當其根？兼我滅後，此界衆生，入菩薩乘，求無上道，何方便門，得易成就？」文殊師利法王子奉佛慈旨，即從座起，頂禮佛足，承佛威神，說偈對佛：

覺海性澄圓，圓澄覺元妙，元明照生所，所立照性亡。
迷妄有虛空，依空立世界，想澄成國土，知覺乃衆生。
空生大覺中，如海一漚發，有漏微塵國，皆從空所生，
漚滅空本無，況復諸三有？歸元性無二，方便有多門。
聖性無不通，順逆皆方便，初心入三昧，遲速不同倫。

色想結成塵，精了不能徹，如何不明徹，於是獲圓通。
音聲雜語言，但伊名句味，一非含一切，云何獲圓通？
香以合中知，離則元無有，不恒其所覺，云何獲圓通？
味性非本然，要以味時有，其覺不恒一，云何獲圓通？
觸以所觸明，無所不明觸，合離性非定，云何獲圓通？
法稱爲内塵，憑塵必有所，能所非遍涉，云何獲圓通？
見性雖洞然，明前不明後，四維虧一半，云何獲圓通？
鼻息出入通，現前無交氣，支離匪涉入，云何獲圓通？
舌非入無端，因味生覺了，味亡了無有，云何獲圓通？
身與所觸同，各非圓覺觀，涯量不冥會，云何獲圓通？
知根雜亂思，湛了終無見，想念不可脫，云何獲圓通？
識見雜三和，詰本稱非相，自體先無定，云何獲圓通？
心聞洞十方，生於大因力，初心不能入，云何獲圓通？
鼻想本權機，祇令攝心住，住成心所住，云何獲圓通？

說法弄音文，開悟先成者，名句非無漏，云何獲圓通？
持犯但束身，非身無所束，元非遍一切，云何獲圓通？
神通本宿因，何關法分別，念緣非離物，云何獲圓通？
若以地性觀，堅礙非通達，有爲非聖性，云何獲圓通？
若以水性觀，想念非真實，如如非覺觀，云何獲圓通？
若以火性觀，厭有非真離，非初心方便，云何獲圓通？
若以風性觀，動寂非無對，對非無上覺，云何獲圓通？
若以空性觀，昏鈍先非覺，無覺異菩提，云何獲圓通？
若以識性觀，觀識非常住，存心乃虛妄，云何獲圓通？
諸行是無常，念性元生滅，因果今殊感，云何獲圓通？
我今白世尊：佛出娑婆界，此方真教體，清淨在音聞。
欲取三摩提，實以聞中入。離苦得解脫，良哉觀世音！
於恒沙劫中，入微塵佛國，得大自在力，無畏施衆生。
妙音觀世音，梵音海潮音，救世悉安寧，出世獲常住。

我今啓如來，如觀音所說，譬如人靜居，十方俱擊鼓，
十處一時聞，此則圓真實。目非觀障外，口鼻亦復然，
身以合方知，心念紛無緒。隔垣聽音響，遐邇俱可聞，
五根所不齊，是則通真實。音聲性動靜，聞中爲有無，
無聲號無聞，非實聞無性。聲無既無滅，聲有亦非生，
生滅二圓離，是則常真實。縱令在夢想，不爲不思無，
覺觀出思惟，身心不能及。今此娑婆國，聲論得宣明；
衆生迷本聞，循聲故流轉，阿難縱强記，不免落邪思，
豈非隨所淪，旋流獲無妄？阿難汝諦聽：我承佛威力，
宣說金剛王，如幻不思議，佛母真三昧。汝聞微塵佛，
一切祕密門，欲漏不先除，畜聞成過誤。將聞持佛佛
何不自聞聞？聞非自然生，因聲有名字，旋聞與聲脫，
能脫欲誰名？一根既返源，六根成解脫。見聞如幻翳，
三界若空華，聞復翳根除，塵銷覺圓淨。淨極光通達，

寂照含虛空。卻來觀世間，猶如夢中事，摩登伽在夢，
誰能留汝形？如世巧幻師，幻作諸男女，雖見諸根動，
要以一機抽，息機歸寂然，諸幻成無性。六根亦如是，
元依一精明，分成六和合，一處成休復，六用皆不成，
塵垢應念銷，成圓明淨妙。餘塵尚諸學，明極即如來。
大衆及阿難，旋汝倒聞機，反聞聞自性，性成無上道，
圓通實如是。此是微塵佛，一路涅槃門，過去諸如來，
斯門已成就；現在諸菩薩，今各入圓明；未來修學人，
當依如是法；我亦從中證，非唯觀世音。誠如佛世尊，
詢我諸方便，以救諸末劫；求出世間人，成就涅槃心，
觀世音為最。自餘諸方便，皆是佛威神。即事捨塵勞，
非是長修學，淺深同說法。頂禮如來藏，無漏不思議，
願加被未來，於此門無惑，方便易成就。堪以教阿難，
及末劫沈淪，但以此根修，圓通超餘者，真實心如是。

於是阿難及諸大衆，身心了然，得大開示；觀佛菩提及大涅槃，猶如有人因事遠遊，未得歸還，明了其家，所歸道路。普會大衆，天龍八部，有學二乘，及諸一切新發心菩薩，其數凡有十恆沙河，皆得本心，遠離塵垢，獲法眼淨。性比丘尼聞說偈已，成阿羅漢，無量衆生，皆發無等等阿耨多羅三藐三菩提心。

阿難整衣服，望大衆中，合掌頂禮，心迹圓明，悲欣交集；欲益未來諸衆生故，稽首白佛：「大悲世尊！我今已悟，成佛法門，是中修行，得無疑惑。常聞如來，說如是言：『自未得度，先度人者，菩薩發心；自覺已圓，能覺他者，如來應世。』我雖未度，願度末劫一切衆生。世尊！此諸衆生，去佛漸遠，邪師說法，如恆河沙，欲攝其心，入三摩地，云何令其安立道場，遠諸魔事，於菩提心，得無退屈？」

爾時，世尊於大衆中，稱讚阿難：「善哉，善哉！如汝所問：安立道場，救護衆生，末劫沈溺，汝今諦聽！當爲汝說。」阿難大衆，唯然奉教。

佛告阿難：「汝常聞我毗奈耶中，宣說修行，三決定義：所謂攝心為戒，因戒生定，因定發慧，是則名為三無漏學。阿難！云何攝心，我名為戒？若諸世界六道衆生，其心不淫，則不隨其生死相續。汝修三昧，本出塵勞，淫心不除，塵不可出。縱有多智，禪定現前，如不斷淫，必落魔道；上品魔王、中品魔民、下品魔女，彼等諸魔；亦有徒衆，各各自謂成無上道。我滅度後，末法之中，多此魔民；熾盛世間，廣行貪淫，為善知識，令諸衆生，落愛見坑，失菩提路。汝教世人，修三摩地，先斷心淫，是名如來先佛世尊，第一決定清淨明誨。是故阿難，若不斷淫，修禪定者，如蒸沙石，欲成其飯，經百千劫，祇名熱沙。何以故？此非飯本，沙石成故。汝以淫身，求佛妙果，縱得妙悟，皆是淫根。根本成淫，輪轉三途，必不能出，如來涅槃，何路修證？必使淫機，身心俱斷，斷性亦無，於佛菩提，斯可希冀。如我此說，名為佛說；不如此說，即波旬說。」

「阿難！又諸世界六道衆生，其心不殺，則不隨其生死相續。汝修三昧，本出塵勞，殺心不除，塵不可出。縱有多智，禪定現前，如不斷殺，必落神道；上品之人，爲大力鬼，中品即爲飛行夜叉、諸鬼帥等，下品尚爲地行羅刹，彼諸鬼神，亦有徒衆，各各自謂成無上道。我滅度後，末法之中，多此神鬼，熾盛世間，自言食肉得菩提路。阿難！我令比丘，食五淨肉，此肉皆我神力化生，本無命根，汝婆羅門地多蒸濕，加以沙石，草菜不生，我以大悲神力所加，因大慈悲，假名爲肉，汝得其味；奈何如來滅度之後，食衆生肉，名爲釋子。汝等當知是食肉人，縱得心開，似三摩地，皆大羅刹，報終必沈生死苦海，非佛弟子。如是之人，相殺相吞，相食未已，云何是人得出三界？汝教世人，修三摩地，次斷殺生；是名如來先佛世尊，第二決定，清淨明誨。是故阿難，若不斷殺，修禪定者，譬如有人，自塞其耳，高聲大叫，求人不聞，此等名爲：欲隱彌露。清淨比丘，及諸菩薩，於岐路行，不踏生草，況以手拔？云何大悲，取諸衆生，血肉充食？若諸比丘，不服東方絲綿、絹帛，及是此土，靴履裘毳、乳酪醍醐，如是比丘，於世真脫，酬還宿債，不遊三界。何以故？服其身分，皆爲彼緣；如人食其地中百穀，足不離地。必使身心，於諸衆生，若身身分，身心二途，不服不食，我說是人真解脫者。如我此說，名爲佛說；不如此說，即波旬說。」

「阿難！又復世界，六道衆生，其心不偷，則不隨其生死相續。汝修三昧，本出塵勞，偷心不除，塵不可出。縱有多智，禪定現前，如不斷偷，必落邪道；上品精靈，中品妖魅，下品邪人，諸魅所著；彼等羣邪，亦有徒衆，各各自謂，成無上道。我滅度後，末法之中，多此妖邪，熾盛世間，潛匿姦欺，稱善知識，各自謂已得上人法，詃惑無識，恐令失心，所過之處，其家耗散。我教比丘，循方乞食，令其捨貪，成菩薩道。諸比丘等，不自熟食，寄於殘生，旅泊三界，示一往還，去已無返。云何賊人，假我衣服，裨販如來，造種種業，皆言佛法，卻非出家，具戒比丘，爲小乘道，由是疑誤無量衆生，墮無間獄。若我滅後，其有比丘，發心決定，修三摩提，能於如來形像之前，身然一燈，燒一指節，及於身上，爇一香炷；我說是人，無始宿債，一時酬畢，長揖世間，永脫諸漏；雖未即明無上覺路，是人於法，已決定心。若不爲此，捨身微因，縱成無爲，必還生人，酬其宿債，如我馬麥，正等無異。汝教世人，修三摩地，後斷偷盜，是名如來先佛世尊，第三決定，清淨明誨。是故阿難，若不斷偷，修禪定者，譬如有人，水灌漏卮，欲求其滿，縱經塵劫，終無平復。若諸比丘，衣鉢之餘，分寸不畜，乞食餘分，施餓衆生；於大集會，合掌禮衆，有人捶詈，同於稱讚。必使身心二俱捐捨，身肉骨血與衆生共；不將如來不了義說，迴爲已解，以誤初學；佛印是人得真三昧。如我所說，名爲佛說；不如此說，即波旬說。」

「阿難！如是世界，六道衆生，雖則身心無殺、盜、淫，三行已圓；若大妄語，即三摩地不得清淨，成愛見魔，失如來種。所謂未得謂得，未證言證，或求世間尊勝第一，謂前人言：我今已得須陀洹果、斯陀含果、阿那含果，阿羅漢道、辟支佛乘、十地地前諸位菩薩。求彼禮懺，貪其供養。是一顛迦，銷滅佛種，如人以刀，斷多羅木，佛記是人，永殞善根，無復知見，沈三苦海，不成三昧。我滅度後，勅諸菩薩，及阿羅漢，應身生彼末法之中，作種種形，度諸輪轉。或作沙門，白衣居士，人王、宰官、童男、童女，如是乃至淫女、寡婦、姦偷、屠販，與其同事，稱讚佛乘，令其身心，入三摩地。終不自言：我真菩薩，真阿羅漢，泄佛密因，輕言末學。唯除命終，陰有遺付。云何是人，惑亂衆生，成大妄語？汝教世人，修三摩地，後復斷除諸大妄語，是名如來先佛世尊，第四決定，清淨明誨。是故阿難，若不斷其大妄語者，如刻人糞，爲栴檀形，欲求香氣，無有是處。我教比丘，直心道場，於四威儀，一切行中，尚無虛假，云何自稱，得上人法？譬如窮人，妄號帝王，自取誅滅，況復法王，如何妄竊？因地不真，果招紆曲，求佛菩提，如噬臍人，欲誰成就？若諸比丘，心如直絃，一切真實，入三摩地，永無魔事；我印是人，成就菩薩，無上知覺。如我是說，名爲佛說；不如此說，即波旬說。」

大佛頂首楞嚴經卷第七

「阿難！汝問攝心，我今先說入三摩地修學妙門。求菩薩道，要先持此四種律儀，皎如冰霜，自不能生一切枝葉。心三口四，生必無因。阿難！如是四事，若不失遺，心尚不緣色、香、味、觸，一切魔事，云何發生？若有宿習，不能滅除，汝教是人，一心誦我佛頂光明摩訶薩怛多般怛囉無上神咒。斯是如來，無見頂相，無為心佛，從頂發輝，坐寶蓮華，所說心咒。且汝宿世，與摩登伽，歷劫因緣，恩愛習氣，非是一生，及與一劫，我一宣揚，愛心永脫，成阿羅漢。彼尚淫女，無心修行，神力冥資，速證無學。云何汝等，在會聲聞，求最上乘，決定成佛，譬如以塵，揚於順風，有何艱險？若有末世，欲坐道場，先持比丘清淨禁戒，要當選擇戒清淨者，第一沙門，以爲其師，若其不遇真清淨僧，汝戒律儀必不成就。戒成已後，著新淨衣，然香閑居，誦此心佛所說神咒一百八遍，然後結界，建立道場，求於十方，現住國土，無上如來，放大悲光，來灌其頂。阿難！如是末世，清淨比丘，若比丘尼，白衣檀越，心滅貪淫，持佛淨戒，於道場中發菩薩願；出入澡浴，六時行道。如是不寐，經三七日，我自現身，至其人前，摩頂安慰，令其開悟。」

阿難白佛言：「世尊！我蒙如來無上悲誨，心已開悟，自知修證，無學道成。末法修行，建立道場，云何結界，合佛世尊清淨軌則？」佛告阿難：「若末世人願立道場，先取雪山大力白牛，食其山中肥膩香草，此牛唯飲雪山清水，其糞微細，可取其糞，和合栴檀，以泥其地。若非雪山，其牛臭穢，不堪塗地。別於平原，穿去地皮，五尺以下，取其黃土，和上栴檀、沈水蘇合、薰陸、鬱金、白膠、青木、零陵、甘松，及雞舌香，以此十種細羅爲粉，合土成泥，以塗場地。方圓丈六，爲八角壇，壇心置一金銀銅木所造蓮華，華中安鉢，鉢中先盛八月露水，水中隨安所有華葉。取八圓鏡，各安其方，圍繞華鉢。鏡外建立十六蓮華，十六香鑪，間華鋪設，莊嚴香鑪，純澆沈水，無令見火。取白牛乳置十六器，乳爲煎餅，并諸砂糖、油餅、乳糜、蘇合、蜜薑、純酥、純蜜，於蓮華外，各各十六，圍繞華外，以奉諸佛及大菩薩。每以食時，若在中夜，取蜜半升，用酥三合，壇前別安一小火鑪，以兜樓婆香煎取香水，沐浴其炭，然令猛熾，投是酥蜜於炎鑪內，燒令煙盡，享佛菩薩。」

「令其四外遍懸幡華，於壇室中，四壁敷設十方如來，及諸菩薩所有形象。應於當陽，張盧舍那、釋迦、彌勒、阿閦、彌陀，諸大變化觀音形象，兼金剛藏安其左右。帝釋梵王、烏芻瑟摩、并藍地迦、諸軍茶利，與毗俱胝四天王等，頻那、夜迦，張於門側，左右安置。又取八鏡，覆懸虛空，與壇場中所安之鏡，方面相對，使其形影，重重相涉。」

「於初七日中，至誠頂禮十方如來，諸大菩薩，阿羅漢號。恆於六時，誦咒圍壇，至心行道。一時常行一百八遍。第二七中，一向專心，發菩薩願，心無間斷，我毗奈耶，先有願教。第三七中，於十二時，一向持佛般怛羅咒，至第七日，十方如來一時出現，鏡交光處，承佛摩頂。即於道場修三摩地，能令如是末世修學，身心明淨，猶如琉璃。」

「阿難！若此比丘，本受戒師，及同會中十比丘等，其中有一不清淨者，如是道場，多不成就。從三七後，端坐安居，經一百日，有利根者，不起於座，得須陀洹；縱其身心，聖果未成，決定自知，成佛不謬。汝問道場建立如是。」

阿難頂禮佛足，而白佛言：「自我出家，恃佛憍愛，求多聞故，未證無爲。遭彼梵天邪術所禁，心雖明了，力不自由，賴遇文殊，令我解脫；雖蒙如來佛頂神咒，冥獲其力，尚未親聞。唯願大慈，重爲宣說，悲救此會諸修行輩，末及當來在輪迴者，承佛密音，身意解脫。」於時會中，一切大衆，普皆作禮，佇聞如來祕密章句。

爾時，世尊從肉髻中，涌百寶光，光中涌出千葉寶蓮，有化如來坐寶華中，頂放十道百寶光明；一一光明，皆遍示現十恆河沙金剛密跡，擎山持杵，遍虛空界。大衆仰觀，畏愛兼抱，求佛哀祐，一心聽佛無見頂相放光如來，宣說神咒。

南無薩怛他蘇伽多耶阿羅訶帝三藐三菩陀寫　薩怛他佛陀俱胝瑟尼
釤　南無薩婆勃陀勃地薩跢鞞弊　南無薩多南三藐三菩陀俱知南
娑舍囉婆迦僧伽喃　南無盧雞阿羅漢跢喃　南無蘇盧多波那喃　南
無娑羯唎陀伽彌喃　南無盧雞三藐伽跢喃　三藐伽波囉底波多那喃
南無提婆離瑟赧　南無悉陀耶毗地耶陀囉離瑟赧　舍波奴揭囉訶
娑訶娑囉摩他喃　南無跋囉訶摩泥　南無因陀囉耶　南無婆伽婆帝
嚧陀囉耶　烏摩般帝　娑醯夜耶　南無婆伽婆帝　那囉野拏耶
槃遮摩訶三慕陀囉　南無悉羯唎多耶　南無婆伽婆帝　摩訶迦羅耶
地唎般剌那伽囉　毗陀囉波拏迦囉耶　阿地目帝　尸摩舍那泥婆
悉泥　摩怛唎伽拏　南無悉羯唎多耶　南無婆伽婆帝　多他伽跢俱

囉耶　南無般頭摩俱囉耶　南無跋闍羅俱囉耶　南無摩尼俱囉耶
南無伽闍俱囉耶　南無婆伽婆帝　帝唎茶輸囉西那　波羅訶囉拏囉
闍耶　跢他伽多耶　南無婆伽婆帝　南無阿彌多婆耶　跢他伽多耶
阿囉訶帝　三藐三菩陀耶　南無婆伽婆帝　阿芻鞞耶　跢他伽
多耶　阿囉訶帝　三藐三菩陀耶　南無婆伽婆帝　鞞沙闍耶俱盧吠
柱唎耶　般囉婆囉闍耶　跢他伽多耶　南無婆伽婆帝　三補師毖多
薩憐捺囉剌闍耶　跢他伽多耶　阿囉訶帝　三藐三菩陀耶　南無
婆伽婆帝　舍雞野母那曳　跢他伽多耶　阿囉訶帝　三藐三菩陀耶
南無婆伽婆帝　剌怛那雞都囉闍耶　跢他伽多耶　阿囉訶帝　三
藐三菩陀耶　帝瓢南無薩羯唎多　翳曇婆伽婆多　薩怛他伽都瑟尼
釤　薩怛多般怛嚂　南無阿婆囉視耽　般囉帝揚岐囉　薩囉婆部多
揭囉訶　尼羯囉訶揭迦囉訶尼　跋囉瑟地耶叱陀儞　阿迦囉蜜唎柱
般唎怛囉耶儜揭唎　薩囉婆槃陀那目叉尼　薩囉婆突瑟吒　突悉
乏般那儞伐囉尼　赭都囉失帝南　羯囉訶娑訶薩囉若闍　毗多崩娑

那羯唎　阿瑟吒冰舍帝南　那叉剎怛囉若闍　波囉薩陀那羯唎　阿瑟吒南　摩訶揭囉訶若闍　毗多崩薩那羯唎　薩婆舍都嚧儞婆囉若闍　呼藍突悉乏難遮那舍尼　毖沙舍悉怛囉　阿吉尼烏陀迦囉若闍　阿般囉視多具囉　摩訶般囉戰持　摩訶疊多　摩訶帝闍　摩訶稅多闍婆囉　摩訶跋囉槃陀囉婆悉儞　阿唎耶多囉　毗唎俱知　誓婆毗闍耶　跋闍囉摩禮底　毗舍嚧多　勃騰罔迦　跋闍囉制喝那阿遮摩囉制婆般囉質多　跋闍囉檀持　毗舍囉遮　扇多舍鞞提婆補視多　蘇摩嚧波　摩訶稅多　阿唎耶多囉　摩訶婆囉阿般囉　拔闍囉商羯囉制婆　跋闍囉俱摩唎　俱藍陀唎　跋闍囉喝薩多遮　毗地耶乾遮那摩唎迦　咄蘇母婆羯囉𤙖那　鞞嚧遮那俱唎耶　夜囉菟瑟尼釤　毗折藍婆摩尼遮　跋闍囉迦那迦波囉婆　嚧闍那跋闍囉頓稚遮稅多遮迦摩囉　剎奢尸波囉婆　翳帝夷帝　母陀羅羯拏　娑鞞囉懺　掘梵都　印兔那麼麼寫◎誦咒者至此句，稱弟子某甲受持◎烏𤙖　唎瑟揭拏　般剌舍悉多　薩怛他伽都瑟尼釤　虎𤙖　都嚧雍

瞻婆那　虎吽　都嚧雍　悉耽婆那　虎吽　都嚧雍　波羅瑟地耶
三般叉拏羯囉　虎吽　都嚧雍　薩婆藥叉喝囉剎娑　揭囉訶若闍
毗騰薩崩那羯囉　虎吽　都嚧雍　者都囉尸底南　揭囉訶娑訶薩
囉南　毗騰薩崩那囉　虎吽　都吽雍　囉叉　婆伽梵　薩怛他伽都
瑟尼釤　波囉點闍吉唎　摩訶娑訶薩囉　勃樹娑訶薩囉室唎沙　俱
知娑訶薩泥帝嚟　阿弊提視婆唎多　吒吒甖迦　摩訶跋闍嚧陀囉
帝唎菩婆那　曼荼囉　烏吽　莎悉帝薄婆都　麼麼　印兔那麼麼寫
◎至此句，準前稱名，若俗人稱弟子某甲◎
囉闍婆夜　主囉跋夜　阿祇尼婆夜　烏陀迦婆夜　毗沙婆夜　舍薩
多囉娑夜　婆囉斫羯囉婆夜　突瑟叉婆夜　阿舍儞婆夜　阿迦囉蜜
唎柱婆夜　陀囉尼部彌劍波伽波陀婆夜　烏囉迦婆多婆夜　剌闍壇
荼婆夜　那伽婆夜　毗條怛婆夜　蘇波囉拏婆夜　藥叉揭囉訶　囉
叉私揭囉訶　畢唎多揭囉訶　毗舍遮揭囉訶　部多揭囉訶　鳩槃茶
揭囉訶　補丹那揭囉訶　迦吒補丹那揭囉訶　悉乾度揭囉訶　阿播

悉摩囉揭囉訶　烏檀摩陀揭囉訶　車夜揭囉訶　醯唎婆帝揭囉訶
社多訶唎南　揭婆訶唎南　嚧地囉訶唎南　忙娑訶唎南　謎陀訶唎
南　摩闍訶唎南　闍多訶唎女　視比多訶唎南　毗多訶唎南　婆多
訶唎南　阿輸遮訶唎女　質多訶唎女　帝釤薩鞞釤　薩婆揭囉訶南
　毗陀耶闍瞋陀夜彌　雞囉夜彌　波唎跋囉者迦訖唎擔　毗陀夜闍
瞋陀夜彌　雞囉夜彌　茶演尼訖唎擔　毗陀夜闍瞋陀夜彌　雞囉夜
彌　摩訶般輸般怛夜　嚧陀囉訖唎擔　毗陀夜闍瞋陀夜彌　雞囉夜
彌　那囉夜拏訖唎擔　毗陀夜闍瞋陀夜彌　雞囉夜彌　怛埵伽嚧茶
西訖唎擔　毗陀夜闍瞋陀夜彌　雞囉夜彌　摩訶迦囉摩怛唎伽拏訖
唎擔　毗陀夜闍瞋陀夜彌　雞囉夜彌　迦波唎迦訖唎擔　毗陀夜闍
瞋陀夜彌　雞囉夜彌　闍耶羯囉摩度羯囉　薩婆囉他娑達那訖唎擔
　毗陀夜闍瞋陀夜彌　雞囉夜彌　赭咄囉婆耆儞訖唎擔　毗陀夜闍
瞋陀夜彌　雞囉夜彌　毗唎羊訖唎知　難陀雞沙囉伽拏般帝　索醯
夜訖唎擔　毗陀夜闍瞋陀夜彌　雞囉夜彌　那揭那舍囉婆拏訖唎擔

毗陀夜闍瞋陀夜彌　雞囉夜彌　阿羅漢訖唎擔毗陀夜闍瞋陀夜彌　雞囉夜彌　毗多囉伽訖唎擔　毗陀夜闍瞋陀夜彌　雞囉夜彌跋闍囉波儞　具醯夜具醯夜　迦地般帝訖唎擔　毗陀夜闍瞋陀夜彌　雞囉夜彌　囉叉罔　婆伽梵　印兔那麼麼寫◎至此依前稱弟子名◎

婆伽梵　薩怛多般怛囉　南無粹都帝　阿悉多那囉剌迦　婆囉婆悉普吒　毗迦薩怛多鉢帝唎　什佛囉什佛囉　陀囉陀囉　頻陀囉頻陀囉瞋陀瞋陀　虎𤙖　虎𤙖　泮吒　泮吒泮吒泮吒泮吒　娑訶　醯醯泮　阿牟迦耶泮　阿波囉提訶多泮　婆囉波囉陀泮　阿素囉毗陀囉波迦泮　薩婆提鞞弊泮　薩婆那伽弊泮　薩婆藥叉弊泮　薩婆乾闥婆弊泮　薩婆補丹那弊泮　迦吒補丹那弊泮　薩婆突狼枳帝弊泮　薩婆突澀比㗚訖瑟帝弊泮　薩婆什婆唎弊泮　薩婆阿播悉摩㗚弊泮　薩婆舍囉婆拏弊泮　薩婆地帝雞弊泮　薩婆怛摩陀繼弊泮　薩婆毗陀耶囉誓遮㗚弊泮　闍夜羯囉摩度羯囉　薩婆囉他娑陀雞弊泮　毗地夜遮唎弊泮　者都囉縛耆儞弊泮　跋闍囉俱摩唎　毗陀夜囉誓

弊泮　摩訶波囉丁羊乂耆唎弊泮　跋闍囉商羯囉夜　波囉丈耆囉闍
耶泮　摩訶迦囉夜　摩訶末怛唎迦拏　南無娑羯唎多夜泮　毖瑟拏
婢曳泮　勃囉訶牟尼曳泮　阿耆尼曳泮　摩訶羯唎曳泮　羯囉檀遲
曳泮　蔑怛唎曳泮　嘮怛唎曳泮　遮文茶曳泮　羯邏囉怛唎曳泮
迦般唎曳泮　阿地目質多迦尸摩舍那　婆私儞曳泮　演吉質　薩埵
婆寫　麼麼印兔那麼麼寫◎至此句依前稱弟子某人◎
突瑟吒質多　阿末怛唎質多　烏闍訶囉　伽婆訶囉　嚧地囉訶囉
婆娑訶囉　摩闍訶囉　闍多訶囉　視毖多訶囉　跋略夜訶囉　乾陀
訶囉　布史波訶囉　頗囉訶囉　婆寫訶囉　般波質多　突瑟吒質多
　嘮陀囉質多　藥叉揭囉訶　囉刹娑揭囉訶　閉嚟多揭囉訶　毗舍
遮揭囉訶　部多揭囉訶　鳩槃茶揭囉訶　悉乾陀揭囉訶　烏怛摩陀
揭囉訶　車夜揭囉訶　阿播薩摩囉揭囉訶　宅袪革茶耆尼揭囉訶
唎佛帝揭囉訶　闍彌迦揭囉訶　舍俱尼揭囉訶　姥陀囉難地迦揭囉
訶　阿藍婆揭囉訶　乾度波尼揭囉訶　什伐囉堙迦醯迦　墜帝藥迦

怛隸帝藥迦 者突託迦 昵提什伐囉毖釤摩什伐囉 薄底迦 鼻
底迦 室隸瑟蜜迦 娑儞般帝迦 薩婆什伐囉 室嚧吉帝 末陀鞞
達嚧制劍 阿綺嚧鉗 目佉嚧鉗 羯唎突嚧鉗 揭囉訶揭藍 羯拏
輸藍 憚多輸藍 迄唎夜輸藍 末麼輸藍 跋唎室婆輸藍 毖栗瑟
吒輸藍 烏陀囉輸藍 羯知輸藍 跋悉帝輸藍 鄔嚧輸藍 常伽輸
藍 喝悉多輸藍 跋陀輸藍 娑房盎伽般囉丈伽輸藍 部多毖跢茶
茶耆尼什婆囉 陀突嚧迦建咄嚧吉知婆路多毗 薩般嚧訶凌伽
輸沙怛囉婆那羯囉 毗沙喻迦 阿耆尼烏陀迦 末囉鞞囉建跢囉
阿迦囉蜜唎咄怛斂部迦 地栗剌吒 毖唎瑟質迦 薩婆那俱囉 肆
引伽弊揭囉唎藥叉怛囉芻 末囉視吠帝釤娑鞞釤 悉怛多鉢怛囉
摩訶跋闍嚧瑟尼釤 摩訶般賴丈耆藍 夜波突陀舍喻闍那 辮怛隸
拏 毗陀耶槃曇迦嚧彌 帝殊槃曇迦嚧彌 般囉毗陀槃曇迦嚧彌
唵姪他 唵 阿那隸 毗舍提 鞞囉跋闍囉陀唎 槃陀槃陀儞 跋
闍囉謗尼泮 虎𤙖都嚧甕泮 莎婆訶

「阿難！是佛頂光聚，悉怛多般怛羅祕密伽陀微妙章句；出生十方一切諸佛，十方如來，因此咒心，得成無上正遍知覺。十方如來，執此咒心，降伏諸魔，制諸外道。十方如來，乘此咒心，坐寶蓮華，應微塵國。十方如來，含此咒心，於微塵國，轉大法輪。十方如來，持此咒心，能於十方，摩頂授記；自果未成，亦於十方，蒙佛授記。十方如來，依此咒心，能於十方，拔濟羣苦；所謂地獄、餓鬼、畜生、盲、聾、瘖瘂、怨憎會苦、愛別離苦、求不得苦，五陰熾盛，大小諸橫，同時解脫。賊難、兵難、王難、獄難、風火水難、饑渴、貧窮，應念銷散。十方如來，隨此咒心，能於十方，事善知識，四威儀中，供養如意，恆沙如來會中，推為大法王子。十方如來，行此咒心，能於十方攝受親因，令諸小乘，聞秘密藏，不生驚怖。十方如來，誦此咒心，成無上覺，坐菩提樹，入大涅槃。十方如來，傳此咒心，於滅度後，付佛法事，究竟住持，嚴淨戒律，悉得清淨。若我說是佛頂光聚，般怛羅咒，從旦至暮，音聲相聯，字句中間，亦不重疊，經恆沙劫，終不能盡。亦說此咒，名如來頂。汝等有學，未盡輪迴，發心至誠，取阿羅漢，不持此咒，而坐道場，令其身心，遠諸魔事，無有是處。」

「阿難！若諸世界，隨所國土，所有衆生，隨國所生，樺皮貝葉，紙素白疊，書寫此咒，貯於香囊，是人心昏，未能誦憶，或帶身上，或書宅中，當知是人，盡其生年，一切諸毒，所不能害。」

「阿難！我今爲汝更說此咒，救護世間，得大無畏，成就衆生出世間智。若我滅後，末世衆生，有能自誦，若教他誦，當知如是誦持衆生，火不能燒，水不能溺，大毒、小毒所不能害。如是乃至龍、天、鬼、神、精祇、魔魅所有惡咒，皆不能著，心得正受。一切咒咀，魘蠱、毒藥、金毒、銀毒、草木、蟲蛇、萬物毒氣，入此人口，成甘露味。一切惡星并諸鬼神，磣心毒人，於如是人，不能起惡。頻那夜迦諸惡鬼王，并其眷屬，皆領深恩，常加守護。阿難！當知是咒常有八萬四千那由他恆河沙俱胝金剛藏王菩薩種族，一一皆有諸金剛衆，而爲眷屬，晝夜隨侍。設有衆生，於散亂心，非三摩地，心憶口持，是金剛王常隨從彼諸善男子，何況決定菩提心者？此諸金剛菩薩藏王，精心陰速，發彼神識；是人應時，心能記憶八萬四千恆河沙劫，周遍了知，得無疑惑。從第一劫，乃至後身，生生不生，藥叉羅刹，及富單那、迦吒富單那、鳩槃茶、毗舍遮等，并諸餓鬼，有形無形，有想無想，如是惡處；是善男子若讀、若誦、若書、若寫、若帶、若藏，諸色供養，劫劫不生，貧窮下賤，不可樂處。此諸衆生，縱其自身，不作福業，十方如來，所有功德，悉與此人；由是得於恆河沙阿僧祇不可說不可說劫，常與諸佛同生一處，無量功德，如惡叉聚，同處熏修，永無分散。是故能令破戒之人，戒根清淨；未得戒者，令其得戒；未精進者，令其精進；無智慧者，令得智慧；不清淨者，速得清淨；不持齋戒，自成齋戒。阿難！是善男子，持此咒時，設犯禁戒，於未受時，持咒之後，衆破戒罪，無問輕重，一時銷滅。縱經飲酒，食噉五辛，種種不淨，一切諸佛、菩薩、金剛、天仙、鬼神不將爲過。設著不淨破弊衣服，一行一住，悉同清淨。縱不作壇，不入道場，亦不行道，誦持此咒，還同入壇，行道功德，無有異也。若造五逆，無間重罪，及諸比丘、比丘尼、四棄、八棄，誦此咒已，如是重業，猶如猛風，吹散沙聚，悉皆滅除，更無毫髮。」

「阿難！若有衆生，從無量無數劫來，所有一切輕重罪障，從前世來，未及懺悔，若能讀誦、書寫此咒，身上帶持，若安住處、莊宅、園館，如是積業，猶湯銷雪，不久皆得悟無生忍。

「復次，阿難！若有女人，未生男女，欲求孕者，若能至心，憶念斯咒，或能身上帶此悉怛多般怛羅者，便生福德智慧男女。求長命者，即得長命；欲求果報速圓滿者，速得圓滿；身命色力，亦復如是。命終之後，隨願往生十方國土，必定不生邊地下賤，何況雜形？阿難！若諸國土，州縣聚落，饑荒疫癘，或復刀兵，賊難鬥諍，兼餘一切厄難之地；寫此神咒，安城四門，并諸支提，或脫闍上，令其國土，所有衆生，奉迎斯咒，禮拜恭敬，一心供養，令其人民，各各身佩，或各各安所居宅地，一切災厄，悉皆銷滅。」

「阿難！在在處處，國土衆生，隨有此咒，天龍歡喜，風雨順時，五穀豐殷，兆庶安樂，亦復能鎮一切惡星，隨方變怪，災障不起，人無橫夭，杻械枷鎖不著其身，晝夜安眠，常無惡夢。阿難！是娑婆界，有八萬四千災變惡星，二十八大惡星而爲上首；復有八大惡星以爲其主，作種種形出現世時，能生衆生種種災異。有此咒地，悉皆銷滅；十二由旬成結界地，諸惡災祥永不能入。是故如來宣示此咒，於未來世保護初學，諸修行者，入三摩地，身心泰然，得大安隱，更無一切諸魔鬼神，及無始來寃橫宿殃，舊業陳債，來相惱害。汝及衆中諸有學人，及未來世諸修行者，依我壇場，如法持戒，所受戒主，逢清淨僧，持此咒心，不生疑悔，是善男子，於此父母所生之身，不得心通，十方如來，便爲妄語。」

說是語已，會中無量百千金剛，一時佛前，合掌頂禮，而白佛言：「如佛所說，我當誠心保護如是修菩提者。」

爾時，梵王并天帝釋四大天王，亦於佛前同時頂禮，而白佛言：「審有如是，修學善人，我當盡心，至誠保護，令其一生所作如願。」復有無量藥叉大將、諸羅剎王、富單那王、鳩槃茶王、毗舍遮王、頻那夜迦諸大鬼王及諸鬼帥，亦於佛前，合掌頂禮：「我亦誓願護持是人，令菩提心速得圓滿。」復有無量日月天子、風師、雨師、雲師、雷師并電伯等，年歲巡官，諸星眷屬，亦於會中，頂禮佛足，而白佛言：「我亦保護是修行人，安立道場，得無所畏。」復有無量山神、海神，一切土地、水陸、空行、萬物精祇，并風神王、無色界天，於如來前，同時稽首，而白佛言：「我亦保護是修行人，得成菩提，永無魔事。」

爾時，八萬四千那由他恆河沙俱胝金剛藏王菩薩，在大會中，即從座起，頂禮佛足，而白佛言：「世尊！如我等輩，所修功業，久成菩提，不取涅槃；常隨此咒，救護末世修三摩地，正修行者。世尊！如是修心，求正定人，若在道場，及餘經行，乃至散心、遊戲聚落，我等徒衆，常當隨從，侍衛此人。縱令魔王，大自在天，求其方便，終不可得。諸小鬼神，去此善人，十由旬外；除彼發心，樂修禪者。世尊！如是惡魔，若魔眷屬，欲來侵擾是善人者，我以寶杵，殞碎其首，猶如微塵；恆令此人，所作如願。」

阿難即從座起，頂禮佛足，而白佛言：「我輩愚鈍，好爲多聞，於諸漏心，未求出離；蒙佛慈誨，得正熏修，身心快然，獲大饒益。世尊！如是修證佛三摩地，未到涅槃，云何名爲乾慧之地？四十四心，至何漸次，得修行目？詣何方所，名入地中？云何名爲等覺菩薩？」作是語已，五體投地，大衆一心，佇佛慈音，瞪瞢瞻仰。

爾時，世尊讚阿難言：「善哉，善哉！汝等乃能普爲大衆，及諸末世一切衆生，修三摩地，求大乘者，從於凡夫，終大涅槃，懸示無上正修行路。汝今諦聽！當爲汝說。」阿難、大衆，合掌刳心，默然受教。

佛言：「阿難！當知妙性圓明，離諸名相，本來無有世界、衆生。因妄有生，因生有滅，生滅名妄；滅妄名真，是稱如來無上菩提，及大涅槃，二轉依號。阿難！汝今欲修真三摩地，直詣如來大涅槃者，先當識此衆生世界，二顛倒因；顛倒不生，斯則如來真三摩地。阿難！云何名爲衆生顛倒？阿難！由性明心，性明圓故，因明發性，性妄見生，從畢竟無，成究竟有。此有所有，非因所因，住所住相，了無根本；本此無住，建立世界及諸衆生。迷本圓明，是生虛妄，妄性無體，非有所依。將欲復真，欲真已非，真真如性，非真求復，宛成非相。非生非住，非心非法，展轉發生，生力發明，熏以成業。同業相感，因有感業，相滅相生，由是故有衆生顛倒。」

「阿難！云何名爲世界顛倒？是有所有，分段妄生，因此界立，非因所因，無住所住，遷流不住，因此世成。三世四方，和合相涉，變化衆生，成十二類。是故世界，因動有聲，因聲有色，因色有香，因香有觸，因觸有味，因味知法。六亂妄想，成業性故，十二區分，由此輪轉。是故世間，聲香味觸，窮十二變，爲一旋復。乘此輪轉，顛倒相故，是有世界，卵生、胎生、濕生、化生、有色、無色、有想、無想，若非有色，若非無色，若非有想，若非無想。」

「阿難！由因世界，虛妄輪迴，動顛倒故，和合氣成，八萬四千，飛沈亂想；如是故有卵羯邏藍流轉國土，魚鳥龜蛇，其類充塞。」

「由因世界，雜染輪迴，欲顛倒故，和合滋成，八萬四千，橫豎亂想；如是故有胎遏蒲曇流轉國土，人畜龍仙，其類充塞。」「由因世界，執著輪迴，趣顛倒故，和合煖成，八萬四千，飜覆亂想；如是故有濕相蔽尸流轉國土，含蠢蠕動，其類充塞。」「由因世界，變易輪迴，假顛倒故，和合觸成，八萬四千，新故亂想；如是故有化相羯南流轉國土，轉蛻飛行，其類充塞。」「由因世界，留礙輪迴，障顛倒故，和合著成，八萬四千，精耀亂想；如是故有色相羯南流轉國土，休咎精明，其類充塞。」「由因世界，銷散輪迴，惑顛倒故，和合暗成，八萬四千，陰隱亂想；如是故有無色羯南流轉國土，空散銷沈，其類充塞。」「由因世界，罔象輪迴，影顛倒故，和合憶成，八萬四千，潛結亂想；如是故有想相羯南流轉國土，神鬼精靈，其類充塞。」「由因世界，愚鈍輪迴，癡顛倒故，和合頑成，八萬四千，枯槁亂想；如是故有無想羯南流轉國土，精神化爲土木金石，其類充塞。」「由因世界，相待輪迴，僞顛倒故，和合染成，八萬四千，因依亂想；如是故有非有色相成色羯南流轉國土，諸水母等，以蝦爲目，其類充塞。」

「由因世界，相引輪迴，性顛倒故，和合咒成，八萬四千，呼召亂想；由是故有非無色相無色羯南流轉國土，咒咀厭生，其類充塞。」

「由因世界，合妄輪迴，罔顛倒故，和合異成，八萬四千，迴互亂想；如是故有非有想相成想羯南流轉國土，彼蒲盧等異質相成，其類充塞。」

「由因世界，怨害輪迴，殺顛倒故，和合怪成，八萬四千，食父母想；如是故有非無想相無想羯南流轉國土，如土梟等，附塊爲兒，及破鏡鳥，以毒樹果，抱爲其子，子成父母，皆遭其食，其類充塞。是名眾生，十二種類。」

大佛頂首楞嚴經卷第八

「阿難！如是衆生，一一類中，亦各各具十二顛倒。猶如揑目，亂華發生，顛倒妙圓，真淨明心，具足如斯虛妄亂想。汝今修證佛三摩地，於是本因，元所亂想，立三漸次，方得除滅。如淨器中，除去毒蜜，以諸湯水，并雜灰香，洗滌其器，後貯甘露。云何名爲三種漸次？一者修習，除其助因；二者真修，刳其正性；三者增進，違其現業。」

「云何助因？阿難！如是世界十二類生，不能自全，依四食住。所謂段食、觸食、思食、識食。是故佛說：『一切衆生，皆依食住。』阿難！一切衆生，食甘故生，食毒故死；是諸衆生，求三摩地，當斷世間五種辛菜。是五種辛，熟食發淫，生啖增恚。如是世界，食辛之人，縱能宣說十二部經，十方天仙，嫌其臭穢，咸皆遠離；諸餓鬼等，因彼食次，舐其唇吻，常與鬼住，福德日銷，長無利益。是食辛人，修三摩地，菩薩、天仙、十方善神，不來守護；大力魔王得其方便，現作佛身，來爲說法，非毀禁戒，讚淫怒癡，命終自爲魔王眷屬，受魔福盡，墮無間獄。阿難！修菩提者，永斷五辛。是則名爲：第一增進修行漸次。」

「云何正性？阿難！如是衆生，入三摩地，要先嚴持清淨戒律，永斷淫心，不餐酒肉，以火淨食，無啖生氣。阿難！是修行人，若不斷淫，及與殺生，出三界者，無有是處。常觀淫欲，猶如毒蛇，如見怨賊，先持聲聞四棄、八棄，執身不動；後行菩薩清淨律儀，執心不起。禁戒成就，則於世間，永無相生、相殺之業；偷劫不行，無相負累，亦於世間不還宿債。是清淨人，修三摩地，父母肉身，不須天眼，自然觀見十方世界，覩聞佛法，親奉聖旨，得大神通，遊十方界，宿命清淨，得無艱嶮。是則名爲：第二增進修行漸次。」

「云何現業？阿難！如是清淨持禁戒人，心無貪淫，於外六塵不多流逸；因不流逸，旋元自歸，塵既不緣，根無所偶，反流全一，六用不行。十方國土，皎然清淨，譬如琉璃，内懸明月，身心快然，妙圓平等，獲大安隱；一切如來密圓淨妙，皆現其中。是人即獲無生法忍。從是漸修，隨所發行，安立聖位。是則名爲：第三增進修行漸次。」

「阿難！是善男子，欲愛乾枯，根境不偶，現前殘質，不復續生。執心虛明，純是智慧，慧性明圓，瑩十方界。乾有其慧，名乾慧地；欲習初乾，未與如來法流水接。即以此心，中中流入，圓妙開敷，從真妙圓，重發真妙，妙信常住，一切妄想，滅盡無餘，中道純真，名信心住。真信明了，一切圓通，陰處界三，不能爲礙。如是乃至過去未來無數劫中，捨身、受身，一切習氣，皆現在前，是善男子，皆能憶念，得無遺忘，名念心住。妙圓純真，真精發化，無始習氣，通一精明，唯以精明，進趣真淨，名精進心。心精現前，純以智慧，名慧心住。執持智明，周遍寂湛，寂妙常凝，名定心住。定光發明，明性深入，唯進無退，名不退心。心進安然，保持不失，十方如來，氣分交接，名護法心。覺明保持，能以妙力，迴佛慈光，向佛安住，猶如雙鏡，光明相對，其中妙影，重重相入，名迴向心。心光密迴，獲佛常凝，無上妙淨，安住無爲，得無遺失，名戒心住。住戒自在，能遊十方，所去隨願，名願心住。」

「阿難！是善男子，以真方便，發此十心，心精發揮，十用涉入，圓成一心，名發心住。心中發明，如淨琉璃，内現精金，以前妙心，履以成地，名治地住。心地涉知，俱得明了，遊履十方，得無留礙，名修行住。行與佛同，受佛氣分，如中陰身，自求父母，陰信冥通，入如來種，名生貴住。既遊道胎，親奉覺胤，如胎已成，人相不缺，名方便具足住。容貌如佛，心相亦同，名正心住。身心合成，日益增長，名不退住。十身靈相，一時具足，名童真住。形成出胎，親爲佛子，名法王子住。表以成人，如國大王，以諸國事，分委太子，彼刹利王世子長成，陳列灌頂，名灌頂住。」

「阿難！是善男子，成佛子已，具足無量如來妙德，十方隨順，名歡喜行。善能利益一切衆生，名饒益行。自覺覺他，得無違拒，名無瞋恨行。種類出生，窮未來際，三世平等，十方通達，名無盡行。一切合同，種種法門，得無差誤，名離癡亂行。則於同中，顯現羣異，一一異相，各各見同，名善現行。如是乃至十方虛空，滿足微塵，一一塵中，現十方界，現塵、現界，不相留礙，名無著行。種種現前，咸是第一波羅蜜多，名尊重行。如是圓融，能成十方諸佛軌則，名善法行。一一皆是清淨無漏，一真無爲，性本然故，名真實行。」

「阿難！是善男子，滿足神通，成佛事已，純潔精真，遠諸留患，當度衆生，滅除度相，迴無爲心，向涅槃路，名救護一切衆生離衆生相迴向。壞其可壞，遠離諸離，名不壞迴向。本覺湛然，覺齊佛覺，名等一切佛迴向。精真發明，地如佛地，名至一切處迴向。世界如來，互相涉入，得無罣礙，名無盡功德藏迴向。於同佛地，地中各各生清淨因，依因發揮，取涅槃道，名隨順平等善根迴向。真根既成，十方衆生皆我本性，性圓成就，不失衆生，名隨順等觀一切衆生迴向。即一切法，離一切相，唯即與離，二無所著，名如相迴向。真得所如，十方無礙，名無縛解脫迴向。性德圓成，法界量滅，名法界無量迴向。阿難！是善男子盡是清淨，四十一心，次成四種妙圓加行，即以佛覺，用爲己心，若出未出，猶如鑽火，欲然其木，名爲煖地。又以己心成佛所履，若依非依，如登高山，身入虛空，下有微礙，名爲頂地。心佛二同，善得中道，如忍事人，非懷非出，名爲忍地。數量銷滅，迷覺中道，二無所目，名世第一地。」

「阿難！是善男子，於大菩提善得通達，覺通如來，盡佛境界，名歡喜地。異性入同，同性亦滅，名離垢地。淨極明生，名發光地。明極覺滿，名焰慧地。一切同異所不能至，名難勝地。無爲真如，性淨名露，名現前地。盡真如際，名遠行地。一真如心，名不動地。發真如用，名善慧地。」

「阿難！是諸菩薩，從此已往，修習畢功，功德圓滿；亦目此地，名修習位；慈陰妙雲，覆涅槃海，名法雲地。如來逆流，如是菩薩，順行而至，覺際入交，名爲等覺。阿難！從乾慧心，至等覺已，是覺始獲金剛心中初乾慧地；如是重重，單複十二，方盡妙覺，成無上道。是種種地，皆以金剛觀察如幻十種深喻，奢摩他中，用諸如來，毗婆舍那，清淨修證，漸次深入。阿難！如是皆以三增進故，善能成就五十五位真菩提路。作是觀者，名爲正觀；若他觀者，名爲邪觀。」

爾時，文殊師利法王子在大衆中，即從座起，頂禮佛足，而白佛言：「當何名是經？我及衆生，云何奉持？」佛告文殊師利：「是經名：《大佛頂悉怛多般怛囉無上寶印十方如來清淨海眼》。亦名：《救護親因度脫阿難及此會中性比丘尼得菩提心入遍知海》。亦名：《如來密因修證了義》。亦名：《大方廣妙蓮華王十方佛母陀羅尼咒》。亦名：《灌頂章句諸菩薩萬行首楞嚴》。汝當奉持。」

說是語已。即時，阿難及諸大衆，得蒙如來開示密印般怛囉義，兼聞此經，了義名目；頓悟禪那，修進聖位，增上妙理，心慮虛凝，斷除三界，修心六品微細煩惱。即從座起，頂禮佛足，合掌恭敬，而白佛言：

「大威德世尊！慈音無遮，善開衆生，微細沈惑，令我今日身意快然，得大饒益。世尊！若此妙明，真淨妙心，本來遍圓，如是乃至大地草木，蠕動含靈，本元真如，即是如來成佛真體。佛體真實，云何復有地獄、餓鬼、畜生、修羅、人、天等道？世尊！此道爲復本來自有？爲是衆生妄習生起？世尊！如寶蓮香比丘尼，持菩薩戒，私行淫欲，妄言行淫，非殺非偷，無有業報。發是語已，先於女根，生大猛火，後於節節猛火燒然，墮無間獄。琉璃大王，善星比丘，琉璃爲誅瞿曇族姓；善星妄說一切法空，生身陷入阿鼻地獄，此諸地獄，爲有定處？爲復自然？彼彼發業，各各私受？唯垂大慈，發開童蒙，令諸一切持戒衆生，聞決定義，歡喜頂戴，謹潔無犯。」

佛告阿難：「快哉此問！令諸衆生，不入邪見。汝今諦聽！當爲汝說。阿難！一切衆生，實本真淨，因彼妄見，有妄習生，因此分開，內分外分。阿難！內分即是衆生分內，因諸愛染，發起妄情，情積不休，能生愛水。是故衆生，心憶珍羞，口中水出；心憶前人，或憐或恨，目中淚盈；貪求財寶，心發愛涎，舉體光潤；心著行淫，男女二根，自然流液。阿難！諸愛雖別，流結是同，潤濕不昇，自然從墜，此名內分。」

「阿難！外分即是衆生分外，因諸渴仰，發明虛想，想積不休，能生勝氣。是故衆生，心持禁戒，舉身輕清；心持呪印，顧眄雄毅；心欲生天，夢想飛舉；心存佛國，聖境冥現，事善知識，自輕身命。阿難！諸想雖別，輕舉是同，飛動不沈，自然超越，此名外分。」

「阿難！一切世間，生死相續，生從順習，死從變流，臨命終時，未捨煖觸，一生善惡，俱時頓現，死逆生順，二習相交。純想即飛，必生天上；若飛心中，兼福兼慧，及與淨願，自然心開，見十方佛，一切淨土，隨願往生。情少想多，輕舉非遠，即爲飛仙，大力鬼王，飛行夜叉，地行羅剎，遊於四天，所去無礙。其中若有善願善心，護持我法，或護禁戒，隨持戒人；或護神咒，隨持咒者；或護禪定，保綏法忍；是等親住，如來座下。情想均等，不飛不墜，生於人間，想明斯聰，情幽斯鈍。情多想少，流入橫生，重爲毛羣，輕爲羽族。七情三想，沈下水輪，生於火際，受氣猛火，身爲餓鬼，常被焚燒。水能害己，無食無飲，經百千劫。九情一想，下洞火輪，身入風火，二交過地，輕生有間，重生無間，二種地獄。純情即沈，入阿鼻獄。若沈心中，有謗大乘，毀佛禁戒，誑妄說法，虛貪信施，濫膺恭敬，五逆十重，更生十方阿鼻地獄。循造惡業，雖則自招，衆同分中，兼有元地。」

「阿難！此等皆是彼諸衆生，自業所感，造十習因，受六交報。云何十因？阿難！一者，淫習交接，發於相磨，研磨不休；如是，故有大猛火光，於中發動，如人以手自相磨觸，暖相現前。二習相然，故有鐵床、銅柱諸事。是故十方一切如來，色目行淫，同名欲火；菩薩見欲，如避火坑。」

「二者，貪習交計，發於相吸，吸攬不止。如是，故有積寒堅冰，於中凍冽，如人以口，吸縮風氣，有冷觸生。二習相凌，故有吒吒、波波、囉囉、青赤白蓮，寒冰等事。是故十方一切如來，色目多求，同名貪水；菩薩見貪，如避瘴海。」

「三者，慢習交淩，發於相恃，馳流不息。如是，故有騰逸奔波，積波爲水；如人口舌，自相綿味，因而水發。二習相鼓，故有血河、灰河、熱沙、毒海、融銅、灌舌諸事。是故十方一切如來，色目我慢，名飲癡水；菩薩見慢，如避巨溺。」

「四者，瞋習交衝，發於相忤，忤結不息，心熱發火，鑄氣爲金。如是，故有刀山、鐵橛、劍樹、劍輪、斧鉞、鎗鋸，如人銜寃，殺氣飛動。二習相擊，故有宮、割、斬、斫、剉、刺、搥、擊諸事。是故十方一切如來，色目瞋恚，名利刀劍；菩薩見瞋，如避誅戮。」

「五者，詐習交誘，發於相調，引起不住。如是，故有繩木絞挍，如水浸田，草木生長。二習相延，故有杻械、枷鎖、鞭杖、撾棒諸事。是故十方一切如來，色目姦僞，同名讒賊；菩薩見詐，如畏豺狼。」

「六者，誑習交欺，發於相罔，誣罔不止，飛心造姦。如是故有塵土、屎尿、穢污不淨，如塵隨風，各無所見。二習相加，故有没溺、騰擲、飛墜、漂淪諸事。是故十方一切如來，色目欺誑，同名劫殺；菩薩見誑，如踐蛇虺。」

「七者，怨習交嫌，發於銜恨。如是，故有飛石投礰，匣貯車檻，甕盛囊撲，如陰毒人，懷抱畜惡。二習相吞，故有投擲、擒捉、擊射、拋撮諸事。是故十方一切如來，色目怨家，名違害鬼；菩薩見怨，如飲鴆酒。」

「八者，見習交明，如薩迦耶，見戒禁取，邪悟諸業，發於違拒，出生相返。如是，故有王使主吏，證執文藉，如行路人，來往相見。二習相交，故有勘問、權詐、考訊、推鞫、察訪、披究、照明，善惡童子，手執文簿、辭辯諸事。是故十方一切如來，色目惡見，同名見坑；菩薩見諸虛妄遍執，如入毒壑。」

「九者，枉習交加，發於誣謗。如是，故有合山合石，碾磑耕磨，如讒賊人，逼枉良善，二習相排，故有押捺、搥按、蹙漉、衝度諸事。是故十方一切如來，色目怨謗，同名讒虎；菩薩見枉，如遭霹靂。」

「十者，訟習交諠，發於藏覆。如是，故有鑑見照燭，如於日中，不能藏影。二習相陳，故有惡友，業鏡、火珠，披露、宿業，對驗諸事。是故十方一切如來，色目覆藏，同名陰賊；菩薩觀覆，如戴高山，履於巨海。」

「云何六報？阿難！一切衆生六識造業，所招惡報，從六根出。云何惡報從六根出？一者，見報，招引惡果：此見業交，則臨終時，先見猛火，滿十方界，亡者神識，飛墜乘煙，入無間獄。發明二相：一者明見，則能遍見種種惡物，生無量畏；二者暗見，寂然不見，生無量恐。如是見火、燒聽能爲鑊湯、洋銅；燒息能爲黑煙、紫焰；燒味能爲焦丸、鐵糜；燒觸能爲熱灰、爐炭；燒心能生星火，迸灑、煽鼓空界。」

「二者，聞報，招引惡果：此聞業交，則臨終時，先見波濤，没溺天地，亡者神識，降注乘流，入無間獄。發明二相：一者開聽，聽種種鬧，精神愗亂；二者閉聽，寂無所聞，幽魄沈没。如是聞波、注聞則能爲責、爲詰；注見則能爲雷、爲吼、爲惡毒氣；注息則能爲雨、爲霧、灑諸毒蟲，周滿身體；注味則能爲膿、爲血，種種雜穢；注觸則能爲畜、爲鬼、爲糞、爲尿；注意則能爲電、爲雹，摧碎心魄。」

「三者，嗅報，招引惡果：此嗅業交，則臨終時，先見毒氣，充塞遠近，亡者神識，從地涌出，入無間獄。發明二相：一者通聞，被諸惡氣，薰極心擾；二者塞聞，氣掩不通，悶絕於地。如是嗅氣、衝息則能爲質、爲履；衝見則能爲火、爲炬；衝聽則能爲没、爲溺、爲洋、爲沸；衝味則能爲餒、爲爽；衝觸則能爲綻、爲爛、爲大肉山，有百千眼，無量咂食；衝思則能爲灰、爲瘴、爲飛砂礰，擊碎身體。」

「四者，味報，招引惡果：此味業交，則臨終時，先見鐵網，猛炎熾烈，周覆世界，亡者神識，下透挂網，倒懸其頭，入無間獄。發明二相：一者吸氣，結成寒冰，凍冽身肉；二者吐氣，飛爲猛火，焦爛骨髓。如是嘗味、歷嘗則能爲承、爲忍；歷見則能爲然金石；歷聽則能爲利兵刃；歷息則能爲大鐵籠，彌覆國土；歷觸則能爲弓、爲箭、爲弩、爲射；歷思則能爲飛熱鐵，從空雨下。」

「五者，觸報，招引惡果：此觸業交，則臨終時，先見大山，四面來合，無復出路；亡者神識，見大鐵城、火蛇、火狗、虎、狼、師子、牛頭獄卒、馬頭羅刹，手執槍矟，驅入城門，向無間獄。發明二相：一者合觸，合山逼體，骨肉血潰；二者離觸，刀劍觸身，心肝屠裂。如是合觸、歷觸則能爲道、爲觀、爲廳、爲案；歷見則能爲燒、爲爇；歷聽則能爲撞、爲擊、爲剚、爲射；歷息則能爲括、爲袋、爲拷、爲縛；歷嘗則能爲耕、爲鉗、爲斬、爲截；歷思則能爲墜、爲飛、爲煎、爲炙。」

「六者．思報，招引惡果：此思業交，則臨終時，先見惡風，吹壞國土，亡者神識，被吹上空，旋落乘風，墮無間獄。發明二相：一者不覺，迷極則荒，奔走不息；二者不迷，覺知則苦，無量煎燒，痛深難忍。如是邪思、結思則能爲方、爲所；結見則能爲鑑、爲證；結聽則能爲大合石、爲冰、爲霜、爲土、爲霧；結息則能爲大火車、火船、火檻；結嘗則能爲大叫喚、爲悔、爲泣；結觸則能爲大、爲小，爲一日中萬生、萬死，爲偃、爲仰。」

「阿難！是名地獄十因六果，皆是衆生迷妄所造。若諸衆生，惡業圓造，入阿鼻獄，受無量苦，經無量劫。六根各造，及彼所作，兼境兼根，是人則入八無間獄。身、口、意三，作殺、盜、淫，是人則入十八地獄。三業不兼，中間或爲一殺、一盜，是人則入三十六地獄。見見一根，單犯一業，是人則入一百八地獄。由是衆生，別作別造，於世界中，入同分地，妄想發生，非本來有。」

「復次，阿難！是諸衆生，非破律儀，犯菩薩戒，毀佛涅槃，諸餘雜業，歷劫燒然，後還罪畢，受諸鬼形。若於本因，貪物爲罪，是人罪畢，遇物爲形，名爲魃鬼。貪色爲罪，是人罪畢，遇風成形，名爲魃鬼。貪惑爲罪，是人罪畢，遇畜成形，名爲魅鬼。貪恨爲罪，是人罪畢，遇蟲成形，名蠱毒鬼。貪憶爲罪，是人罪畢，遇衰成形，名爲癘鬼。貪傲爲罪，是人罪畢，遇氣成形，名爲餓鬼。貪罔爲罪，是人罪畢，遇幽爲形，名爲魘鬼。貪明爲罪，是人罪畢，遇精爲形，名魍魎鬼。貪成爲罪，是人罪畢，遇明爲形，名役使鬼。貪黨爲罪，是人罪畢，遇人爲形，名傳送鬼。阿難！是人皆以純情墜落，業火燒乾，上出爲鬼，此等皆是自妄想業之所招引，若悟菩提，則妙圓明，本無所有。」

「復次，阿難！鬼業既盡，則情與想，二俱成空，方於世間，與元負人怨對相值，身爲畜生，酬其宿債。物怪之鬼，物銷報盡，生於世間，多爲梟類。風魃之鬼，風銷報盡，生於世間，多爲咎徵，一切異類。畜魅之鬼，畜死報盡，生於世間，多爲狐類。蟲蠱之鬼，蟲滅報盡，生於世間，多爲毒類。衰癘之鬼，衰窮報盡，生於世間，多爲蛔類。受氣之鬼，氣銷報盡，生於世間，多爲食類。綿幽之鬼，幽銷報盡，生於世間，多爲服類。和精之鬼，和銷報盡，生於世間，多爲應類。明靈之鬼，明滅報盡，生於世間，多爲休徵，一切諸類。依人之鬼，人亡報盡，生於世間，多於循類。阿難！是等皆以業火乾枯，酬其宿債，傍爲畜生。此等亦皆自虛妄業之所招引，若悟菩提，則此妄緣，本無所有。如汝所言：寶蓮香等，及琉璃王、善星比丘，如是惡業，本自發明，非從天降，亦非地出，亦非人與。自妄所招，還自來受，菩提心中，皆爲浮虛，妄想凝結。」

「復次，阿難！從是畜生酬償先債，若彼酬者，分越所酬，此等衆生，還復爲人，返徵其剩。如彼有力，兼有福德，則於人中，不捨人身，酬還彼力；若無福者，還爲畜生，償彼餘直。阿難！當知若用錢物，或役其力，償足自停。如於中間，殺彼身命，或食其肉，如是乃至經微塵劫，相食相誅，猶如轉輪，互爲高下，無有休息。除奢摩他，及佛出世，不可停寢。汝今應知：彼梟倫者，酬足復形，生人道中，參合頑類。彼咎徵者，酬足復形，生人道中，參合異類。彼狐倫者，酬足復形，生人道中，參於佷類。彼毒倫者，酬足復形，生人道中，參合庸類。彼蛔倫者，酬足復形，生人道中，參合微類。彼食倫者，酬足復行，生人道中，參合柔類。彼服倫者，酬足復行，生人道中，參合勞類。彼應倫者，酬足復行，生人道中，參於文類。彼休徵者，酬足復行，生人道中，參合明類。彼諸循倫，酬足復行，生人道中，參於達類。阿難！是等皆以宿債酬畢，復形人道，皆無始來，業計顛倒，相生相殺，不遇如來，不聞正法，於塵勞中，法爾輪轉，此輩名爲可憐愍者。」

「阿難！復有從人，不依正覺，修三摩地，別修妄念，存想固形，遊於山林，人不及處，有十仙種。阿難！彼諸衆生，堅固服餌，而不休息，食道圓成，名地行仙。堅固草木，而不休息，藥道圓成，名飛行仙。堅固金石，而不休息，化道圓成，名遊行仙。堅固動止，而不休息，氣精圓成，名空行仙。堅固津液，而不休息，潤德圓成，名天行仙。堅固精色，而不休息，吸粹圓成，名通行仙。堅固呪禁，而不休息，術法圓成，名道行仙。堅固思念，而不休息，思憶圓成，名照行仙。堅固交遘，而不休息，感應圓成，名精行仙。堅固變化，而不休息，覺悟圓成，名絕行仙。阿難！是等皆於人中鍊心，不修正覺，別得生理，壽千萬歲，休止深山，或大海島，絕於人境，斯亦輪迴，妄想流轉。不修三昧，報盡還來，散入諸趣。」

「阿難！諸世間人，不求常住，未能捨諸妻妾恩愛，於邪淫中，心不流逸，澄瑩生明，命終之後，鄰於日月，如是一類，名四天王天。於己妻房，淫愛微薄，於淨居時，不得全味，命終之後，超日月明，居人間頂，如是一類，名忉利天。逢欲暫交，去無思憶，於人間世，動少靜多，命終之後，於虛空中，朗然安住，日月光明，上照不及，是諸人等，自有光明，如是一類，名須焰摩天。一切時靜，有應觸來，未能違戾，命終之後，上昇精微，不接下界，諸人天境，乃至劫壞，三災不及，如是一類，名兜率陀天。我無欲心，應汝行事，於橫陳時，味如嚼蠟，命終之後，生越化地，如是一類，名樂變化天。無世間心，同世行事，於行事交，了然超越，命終之後，遍能出超，化無化境，如是一類，名他化自在天。阿難！如是六天，形雖出動，心跡尚交，自此已還，名爲欲界。」

大佛頂首楞嚴經卷第九

「阿難！世間一切所修心人，不假禪那，無有智慧，但能執身，不行淫欲，若行若坐，想念俱無，愛染不生，無留欲界，是人應念，身爲梵侶，如是一類，名梵衆天。欲習既除，離欲心現，於諸律儀，愛樂隨順，是人應時，能行梵德，如是一類，名梵輔天。身心妙圓，威儀不缺，清淨禁戒，加以明悟，是人應時，能統梵衆，爲大梵王，如是一類，名大梵天。阿難！此三勝流，一切苦惱，所不能逼，雖非正修真三摩地，清淨心中，諸漏不動，名爲初禪。」

「阿難！其次梵天，統攝梵人，圓滿梵行，澄心不動，寂湛生光，如是一類，名少光天。光光相然，照耀無盡，映十方界，遍成琉璃，如是一類，名無量光天。吸持圓光，成就教禮，發化清淨，應用無盡，如是一類，名光音天。阿難！此三勝流，一切憂愁，所不能逼，雖非正修真三摩地，清淨心中，麤漏已伏，名為二禪。」

「阿難！如是天人，圓光成音，披音露妙，發成精行，通寂滅樂，如是一類，名少淨天。淨空現前，引發無際，身心輕安，成寂滅樂，如是一類，名無量淨天。世界身心，一切圓淨，淨德成就，勝託現前，歸寂滅樂，如是一類，名遍淨天。阿難！此三勝流，具大隨順，身心安隱，得無量樂，雖非正得真三摩地，安隱心中，歡喜畢具，名為三禪。」

「阿難！次復天人，不逼身心，苦因已盡，樂非常住，久必壞生，苦樂二心，俱時頓捨，麤重相滅，淨福性生，如是一類，名福生天。捨心圓融，勝解清淨，福無遮中，得妙隨順，窮未來際，如是一類，名福愛天。阿難！從是天中，有二岐路，若於先心，無量淨光，福德圓明，修證而住，如是一類，名廣果天。若於先心，雙厭苦樂，精研捨心，相續不斷，圓窮捨道，身心俱滅，心慮灰凝，經五百劫，是人既以生滅爲因，不能發明不生滅性，初半劫滅，後半劫生，如是一類，名無想天。阿難！此四勝流，一切世間，諸苦樂境，所不能動，雖非無爲真不動地，有所得心，功用純熟，名爲四禪。」

「阿難！此中復有五不還天，於下界中，九品習氣，俱時滅盡，苦樂雙亡，下無卜居，故於捨心，衆同分中，安立居處。阿難！苦樂兩滅，鬥心不交，如是一類，名無煩天。機括獨行，研交無地，如是一類，名無熱天。十方世界，妙見圓澄，更無塵象，一切沈垢，如是一類，名善見天。精見現前，陶鑄無礙，如是一類，名善現天。究竟羣幾，窮色性性，入無邊際，如是一類，名色究竟天。」

「阿難！此不還天，彼諸四禪，四位天王，獨有欽聞，不能知見。如今世間，曠野深山，聖道場地，皆阿羅漢所住持故，世間麤人所不能見。阿難！是十八天，獨行無交，未盡形累，自此已還，名爲色界。」

「復次，阿難！從是有頂色邊際中，其間復有二種岐路，若於捨心發明智慧，慧光圓通，便出塵界，成阿羅漢，入菩薩乘，如是一類，名為迴心大阿羅漢。若在捨心，捨厭成就，覺身為礙，銷礙入空，如是一類，名為空處。諸礙既銷，無礙無滅，其中唯留阿賴耶識，全於末那，半分微細，如是一類，名為識處。空色既亡，識心都滅，十方寂然，迴無攸往，如是一類，名無所有處。識性不動，以滅窮研，於無盡中，發宣盡性，如存不存，若盡非盡，如是一類，名為非想非非想處。此等窮空，不盡空理，從不還天，聖道窮者，如是一類，名不迴心鈍阿羅漢。若從無想，諸外道天，窮空不歸，迷漏無聞，便入輪轉。阿難！是諸天上，各各天人，則是凡夫，業果酬答，答盡入輪，彼之天王，即是菩薩，遊三摩地，漸次增進，迴向聖倫，所修行路。阿難！是四空天，身心滅盡，定性現前，無業果色，從此逮終，名無色界。此皆不了，妙覺明心，積妄發生，妄有三界，中間妄隨，七趣沈溺，補特伽羅，各從其類。」

「復次，阿難！是三界中，復有四種阿修羅類：若於鬼道，以護法力，成通入空，此阿修羅，從卵而生，鬼趣所攝，若於天中，降德貶墜，其所卜居，鄰於日月，此阿修羅，從胎而出，人趣所攝。有修羅王，執持世界，力洞無畏，能與梵王及天帝釋，四天爭權，此阿修羅，因變化有，天趣所攝。阿難！別有一分，下劣修羅，生大海心，沈水穴口，旦遊虛空，暮歸水宿，此阿修羅，因濕氣有，畜生趣攝。」

「阿難！如是地獄、餓鬼、畜生、人及神仙，天洎修羅，精研七趣，皆是昏沈，諸有爲相，妄想受生，妄想隨業，於妙圓明，無作本心，皆如空華，元無所著，但一虛妄，更無根緒。阿難！此等衆生，不識本心，受此輪迴，經無量劫，不得真淨，皆由隨順殺、盜、淫故。反此三種，又則出生，無殺、盜、淫，有名鬼倫，無名天趣，有無相傾，起輪迴性。若得妙發三摩地者，則妙常寂，有無二無，無二亦滅，尚無不殺、不偷、不淫，云何更隨殺盜淫事？阿難！不斷三業，各各有私，因各各私，衆私同分，非無定處，自妄發生，生妄無因，無可尋究。汝勗修行，欲得菩提，要除三惑。不盡三惑，縱得神通，皆是世間有爲功用，習氣不滅，落於魔道。雖欲除妄，倍加虛僞，如果說爲可哀憐者；汝妄自造，非菩提咎。作是說者，名爲正說；若他說者，即魔王說。」

即時，如來將罷法座，於師子床攬七寶几，迴紫金山，再來凭椅，普告大衆及阿難言：「汝等有學、緣覺、聲聞，今日迴心，趣大菩提，無上妙覺，吾今已說真修行法。汝猶未識修奢摩他毗婆舍那，微細魔事，魔境現前，汝不能識，洗心非正，落於邪見。或汝陰魔，或復天魔，或著鬼神，或遭魑魅，心中不明，認賊爲子。又復於中，得少爲足，如第四禪，無聞比丘，妄言證聖，天報已畢，衰相現前，謗阿羅漢，身遭後有，墮阿鼻獄。汝應諦聽！吾今爲汝，子細分別。」阿難起立，并其會中，同有學者，歡喜頂禮，伏聽慈誨。

佛告阿難及諸大衆：「汝等當知，有漏世界十二類生，本覺妙明，覺圓心體，與十方佛，無二無別。由汝妄想，迷理爲咎，癡愛發生，生發遍迷，故有空性，化迷不息，有世界生，則此十方微塵國土，非無漏者，皆是迷頑，妄想安立。當知虛空，生汝心內，猶如片雲，點太清裡，況諸世界，在虛空耶？汝等一人，發真歸元，此十方空，皆悉銷殞，云何空中，所有國土而不振裂？汝輩修禪，飾三摩地，十方菩薩，及諸無漏大阿羅漢，心精通泯，當處湛然。一切魔王，及與鬼神，諸凡夫天，見其宮殿，無故崩裂，大地振坼，水陸飛騰，無不驚慴，凡夫昏暗，不覺遷訛。彼等咸得五種神通，唯除漏盡，戀此塵勞，如何令汝摧裂其處？是故鬼神，及諸天魔，魍魎、妖精，於三昧時，僉來惱汝。然彼諸魔，雖有大怒，彼塵勞內，汝妙覺中，如風吹光，如刀斷水，了不相觸。汝如沸湯，彼如堅冰，煖氣漸鄰，不日銷殞，徒恃神力，但為其客。成就破亂，由汝心中，五陰主人，主人若迷，客得其便。當處禪那，覺悟無惑，則彼魔事，無奈汝何。陰銷入明，則彼羣邪，咸受幽氣，明能破暗，近自銷殞，如何敢留，擾亂禪定？若不明悟，被陰所迷，則汝阿難，必為魔子，成就魔人。如摩登伽，殊為眇劣，彼雖咒汝，破佛律儀，八萬行中，衹毀一戒，心清淨故，尚未淪溺。此乃隳汝，寶覺全身，如宰臣家，忽逢籍沒，宛轉零落，無可哀救。」

「阿難！當知：汝坐道場，銷落諸念，其念若盡，則諸離念，一切精明，動靜不移，憶忘如一。當住此處，入三摩地，如明目人，處大幽暗，精性妙淨，心未發光，此則名爲色陰區宇；若目明朗，十方洞開，無復幽黯，名色陰盡。是人則能超越劫濁，觀其所由，堅固妄想，以爲其本。」

「阿難！當在此中，精研妙明，四大不織，少選之間，身能出礙，此名精明，流溢前境。斯但功用，暫得如是，非爲聖證，不作聖心，名善境界；若作聖解，即受羣邪。」

「阿難！復以此心精研妙明，其身內徹，是人忽然於其身內，拾出蟯蛔，身相宛然，亦無傷毀，此名精明，流溢形體。斯但精行，暫得如是，非爲聖證，不作聖心，名善境界；若作聖解，即受羣邪。」

「又以此心，內外精研，其時魂魄，意志精神，除執受身，餘皆涉入，若爲賓主，忽於空中，聞說法聲，或聞十方，同敷密義，此名精魂，遞相離合，成就善種，暫得如是，非爲聖證，不作聖心，名善境界；若作聖解，即受羣邪。」

「又以此心，澄露皎徹，內光發明，十方遍作閻浮檀色，一切種類，化爲如來，於時忽見毗盧遮那，踞天光臺，千佛圍繞，百億國土，及與蓮華，俱時出現，此名心魂，靈悟所染，心光研明，照諸世界，暫得如是，非爲聖證，不作聖心，名善境界；若作聖解，即受羣邪。」

「又以此心，精研妙明，觀察不停，抑按降伏，制止超越，於時忽然十方虛空，成七寶色，或百寶色，同時遍滿，不相留礙，青黃赤白，各各純現，此名抑按，功力逾分，暫得如是，非爲聖證，不作聖心，名善境界。若作聖解，即受羣邪。」

「又以此心，研究澄徹，精光不亂，忽於夜合，在暗室內，見種種物，不殊白晝，而暗室物，亦不除滅，此名心細，密澄其見，所視洞幽，暫得如是，非爲聖證，不作聖心，名善境界；若作聖解，即受羣邪。」

「又以此心，圓入虛融，四肢忽然同於草木，火燒刀斫，曾無所覺。又則火光，不能燒爇，縱割其肉，猶如削木，此名塵併，排四大性，一向入純，暫得如是，非爲聖證，不作聖心，名善境界；若作聖解，即受羣邪。」

「又以此心，成就清淨，淨心功極，忽見大地，十方山河，皆成佛國，具足七寶，光明遍滿；又見恆沙諸佛如來，遍滿空界，樓殿華麗，下見地獄，上觀天宮，得無障礙，此名欣厭，凝想日深，想久化成，非爲聖證，不作聖心，名善境界；若作聖解，即受羣邪。」

「又以此心，研究深遠，忽於中夜，遙見遠方，市井、街巷、親族、眷屬，或聞其語，此名迫心，逼極飛出，故多隔見，非爲聖證，不作聖心，名善境界；若作聖解，即受羣邪。」

「又以此心，研究精極，見善知識，形體變移，少選無端，種種遷改，此名邪心，含受魑魅，或遭天魔，入其心腹，無端說法，通達妙義，非爲聖證，不作聖心，魔事銷歇；若作聖解，即受羣邪。」

「阿難！如是十種禪那現境，皆是色陰，用心交互，故現斯事；衆生頑迷，不自忖量，逢此因緣，迷不自識，謂言登聖，大妄語成，墮無間獄；汝等當依，如來滅後，於末法中，宣示斯義，無令天魔得其方便，保持覆護，成無上道。」

「阿難！彼善男子，修三摩提奢摩他中，色陰盡者，見諸佛心，如明鏡中，顯現其像；若有所得，而未能用，猶如魘人，手足宛然，見聞不惑，心觸客邪，而不能動，此則名爲受陰區宇。若魘咎歇，其心離身，反觀其面，去住自由，無復留礙，名受陰盡。是人則能超越見濁，觀其所由，虛明妄想，以爲其本。」

「阿難！彼善男子，當在此中，得大光耀，其心發明，內抑過分，忽於其處，發無窮悲，如是乃至觀見蚊虻，猶如赤子，心生憐愍，不覺流淚。此名功用，抑摧過越，悟則無咎，非爲聖證；覺了不迷，久自消歇；若作聖解，則有悲魔，入其心腑，見人則悲，啼泣無限，失於正受，當從淪墜。」

「阿難！又彼定中諸善男子，見色陰消，受陰明白，勝相現前，感激過分，忽於其中，生無限勇，其心猛利，志齊諸佛，謂三僧祇，一念能越。此名功用，陵率過越，悟則無咎，非爲聖證，覺了不迷，久自消歇；

若作聖解，則有狂魔，入其心腑，見人則誇，我慢無比，其心乃至，上不見佛，下不見人，失於正受，當從淪墜。」

「又彼定中，諸善男子，見色陰消，受陰明白，前無新證，歸失故居，智力衰微，入中愭地，迴無所見，心中忽然生大枯渴，於一切時，沈憶不散，將此以爲勤精進相。此名修心，無慧自失，悟則無咎，非爲聖證。若作聖解，則有憶魔，入其心腑，旦夕撮心，懸在一處，失於正受，當從淪墜。」

「又彼定中，諸善男子，見色陰銷，受陰明白，慧力過定，失於猛利，以諸勝性，懷於心中，自心已疑是盧舍那，得少爲足。此名用心，亡失恆審，溺於知見，悟則無咎，非爲聖證；若作聖解，則有下劣，易知足魔，入其心腑，見人自言，我得無上第一義諦，失於正受，當從淪墜。」

「又彼定中，諸善男子，見色陰銷，受陰明白，新證未獲，故心已亡，歷覽二際，自生艱險，於心忽然生無盡憂，加坐鐵床，如飲毒藥，心不欲活，常求於人，令害其命，早取解脫。此名修行，失於方便，悟則無咎，非爲聖證；若作聖解，則有一分，常憂愁魔，入其心腑，手執刀劍，自割其肉，欣其捨壽；或常憂愁，走入山林，不耐見人，失於正受，當從淪墜。」

「又彼定中，諸善男子，見色陰銷，受陰明白，處清淨中，心安隱後，忽然自有無限喜生，心中歡悅，不能自止；此名輕安，無慧自禁，悟則無咎，非爲聖證；若作聖解，則有一分好喜樂魔，入其心腑，見人則笑，於衢路傍，自歌自舞，自謂已得無礙解脫，失於正受，當從淪墜。」

「又彼定中，諸善男子，見色陰銷，受陰明白，自謂已足，忽有無端大我慢起，如是乃至慢與過慢，及慢過慢，或增上慢，或卑劣慢，一時俱發，心中尚輕，十方如來，何況下位聲聞、緣覺。此名見勝，無慧自救，悟則無咎，非爲聖證。若作聖解，則有一分大我慢魔，入其心腑，不禮塔廟，摧毀經像，謂檀越言：此是金銅，或是土木，經是樹葉，或是疊花，肉身真常，不自恭敬，卻崇土木，實爲顛倒。其深信者，從其毀碎，埋棄地中，疑誤衆生，入無間獄，失於正受，當從淪墜。」

「又彼定中，諸善男子，見色陰銷，受陰明白，於精明中，圓悟精理，得大隨順。其心忽生無量輕安，已言成聖，得大自在，此名因慧，獲諸輕清，悟則無咎，非爲聖證；若作聖解，則有一分好輕清魔，入其心腑，自謂滿足，更不求進，此等多作無聞比丘，疑誤後生，墮阿鼻獄，失於正受，當從淪墜。」

「又彼定中，諸善男子，見色陰銷，受陰明白，於明悟中，得虛明性，其中忽然歸向永滅，撥無因果，一向入空，空心現前，乃至心生長斷滅解，悟則無咎，非爲聖證；若作聖解，則有空魔入其心腑，乃謗持戒，名爲小乘；菩薩悟空，有何持犯？其人常於信心檀越，飲酒噉肉，廣行淫穢，因魔力故，攝其前人，不生疑謗，鬼心久入，或食屎尿，與酒肉等，一種俱空，破佛律儀，誤入人罪，失於正受，當從淪墜。」

「又彼定中，諸善男子，見色陰銷，受陰明白，味其虛明，深入心骨。其心忽有無限愛生，愛極發狂，便爲貪欲。此名定境，安順入心，無慧自持，誤入諸欲，悟則無咎，非爲聖證；若作聖解，則有欲魔入其心膌，一向說欲爲菩提道，化諸白衣，平等行欲，其行淫者，名持法子，神鬼力故，於末世中，攝其凡愚，其數至百，如是乃至一百、二百，或五、六百，多滿千萬，魔心生厭，離其身體，威德既無，陷於王難，疑誤衆生，入無間獄，失於正受，當從淪墜。

「阿難！如是十種禪那現境，皆是受陰，用心交互，故現斯事。衆生頑迷，不自忖量，逢此因緣，迷不自識，謂言登聖，大妄語成，墮無間獄；汝等亦當將如來語，於我滅後，傳示末法，遍令衆生，開悟斯義，無令天魔得其方便，保持覆護，成無上道。

「阿難！彼善男子，修三摩地，受陰盡者，雖未漏盡，心離其形，如鳥出籠，已能成就。從是凡身，上歷菩薩六十聖位，得意生身，隨往無礙。譬如有人，熟寐寱言，是人雖則無別所知，其言已成，音韻倫次，令不寐者，咸悟其語，此則名爲想陰區宇。若動念盡，浮想銷除，於覺明心，如去塵垢，一倫死生，首尾圓照，名想陰盡。是人則能超煩惱濁，觀其所由，融通妄想，以爲其本。」

「阿難！彼善男子，受陰虛妙，不遭邪慮，圓定發明三摩地中，心愛圓明，銳其精思，貪求善巧。爾時，天魔候得其便，飛精附人，口說經法，其人不覺，是其魔著，自言謂得無上涅槃，來彼求巧善男子處，敷座說法，其形斯須，或作比丘，令彼人見，或爲帝釋，或爲婦女，或比丘尼，或寢暗室，身有光明。是人愚迷，惑爲菩薩，信其教化，搖蕩其心，破佛律儀，潛行貪欲。口中好言災祥變異，或言如來某處出世；或言劫火，或說刀兵，恐怖於人，令其家資，無故耗散。此名怪鬼，年老成魔，惱亂是人，厭足心生，去彼人體，弟子與師，俱陷王難。汝當先覺，不入輪迴；迷惑不知，墮無間獄。」

「阿難！又善男子，受陰虛妙，不遭邪慮，圓定發明，三摩地中，心愛遊蕩，飛其精思，貪求經歷。爾時，天魔候得其便，飛精附人，口說經法，其人亦不覺知魔著，亦言自得無上涅槃，來彼求遊善男子處，敷座說法，自形無變，其聽法者，忽自見身坐寶蓮華，全體化成紫金光聚，一衆聽人，各各如是，得未曾有。是人愚迷，惑爲菩薩，淫逸其心，破佛律儀，潛行貪欲，口中好言：諸佛應世，某處某人，當是某佛，化身來此；某人即是某菩薩等，來化人間。其人見故，心生傾渴，邪見密興，種智銷滅；此名魃鬼，年老成魔，惱亂是人，厭足心生，去彼人體，弟子與師，俱陷王難。汝當先覺，不入輪迴；迷惑不知，墮無間獄。」

「又善男子，受陰虛妙，不遭邪慮，圓定發明，三摩地中，心愛綿泯，澄其精思，貪求契合。爾時，天魔候得其便，飛精附人，口說經法，其人實不覺知魔著，亦言自得無上涅槃，來彼求合善男子處，敷座說法；其形及彼聽法之人，外無遷變，令其聽者，未聞法前，心自開悟，念念移易，或得宿命，或有他心，或見地獄，或知人間好惡諸事，或口說偈，或自誦經，各各歡娛，得未曾有。是人愚迷，惑爲菩薩，綿愛其心，破佛律儀，潛行貪欲，口中好言：佛有大小，某佛先佛，某佛後佛，其中亦有真佛、假佛、男佛、女佛，菩薩亦然，其人見故，洗滌本心，易入邪悟；此名魅鬼，年老成魔，惱亂是人，厭足心生，去彼人體，弟子與師，俱陷王難。汝當先覺，不入輪迴；迷惑不知，墮無間獄。」

「又善男子，受陰虛妙，不遭邪慮，圓定發明，三摩地中，心愛根本，窮覽物化，性之終始，精爽其心，貪求辨析。爾時，天魔候得其便，飛精附人，口說經法，其人先不覺知魔著，亦言自得無上涅槃，來彼求元善男子處，敷座說法；身有威神，摧伏求者，令其座下，雖未聞法，自然心伏。是諸人等，將佛涅槃、菩提法身，即是現前我肉身上，父父子子，遞代相生，即是法身，常住不絕，都指現在即爲佛國，無別淨居及金色相。其人信受，忘失先心，身命歸依，得未曾有。是等愚迷，惑爲菩薩，推究其心，破佛律儀，潛行貪欲，口中好言：眼耳鼻舌，皆爲淨土，男女二根，即是菩提涅槃真處，彼無知者，信是穢言；此名蠱毒，魘勝惡鬼，年老成魔，惱亂是人，厭足心生，去彼人體，弟子與師，俱陷王難。汝當先覺，不入輪迴；迷惑不知，墮無間獄。」

「又善男子，受陰虛妙，不遭邪慮，圓定發明，三摩地中，心愛懸應，周流精研，貪求冥感。爾時，天魔候得其便，飛精附人，口說經法，其人元不覺知魔著，亦言自得無上涅槃，來彼求應善男子處，敷座說法；

能令聽衆暫見其身，如百千歲，心生愛染，不能捨離，身爲奴僕，四事供養，不覺疲勞，各各令其座下人心，知是先師本善知識，別生法愛，粘如膠漆，得未曾有。是人愚迷，惑爲菩薩，親近其心，破佛律儀，潛行貪欲，口中好言：我於前世，於某生中，先度某人，當時是我妻妾兄弟，今來相度，與汝相隨，歸某世界，供養某佛。或言：別有大光明天，佛於中住，一切如來所休居地，彼無知者，信是虛誑，遺失本心；此名厲鬼，年老成魔，惱亂是人，厭足心生，去彼人體，弟子與師，俱陷王難。汝當先覺，不入輪迴；迷惑不知，墮無間獄。」

「又善男子，受陰虛妙，不遭邪慮，圓定發明，三摩地中，心愛深入，剋己辛勤，樂處陰寂，貪求靜謐。爾時，天魔候得其便，飛精附人，口說經法，其人本不覺知魔著，亦言自得無上涅槃，來彼求陰善男子處，敷座說法；令其聽人，各知本業，或於其處，語人一言：汝今未死，已作畜生，勅使一人，於後踏尾，頓令其人起不能得，於是一衆傾心欽伏，有人起心，已知其肇，佛律儀外，重加精苦，誹謗比丘，罵詈徒衆，訐露人事，不避譏嫌，口中好言：未然禍福，及至其時，毫髮無失；此大力鬼，年老成魔，惱亂是人，厭足心生，去彼人體，弟子與師，多陷王難。汝當先覺，不入輪迴；迷惑不知，墮無間獄。」

「又善男子，受陰虛妙，不遭邪慮，圓定發明，三摩地中，心愛知見，勤苦研尋，貪求宿命。爾時，天魔候得其便，飛精附人，口說經法，其人殊不覺知魔著，亦言自得無上涅槃，來彼求知善男子處，敷座說法；是人無端於說法處，得大寶珠，其魔或時化為畜生，口銜其珠及雜珍寶，簡策符牘，諸奇異物，先授彼人，後著其體；或誘聽人，藏於地下，有明月珠，照耀其處；是諸聽者，得未曾有，多時藥草，不餐嘉饌，或時日餐一麻一麥，其形肥充，魔力持故，誹謗比丘，罵詈徒衆，不避譏嫌，口中好言：他方寶藏，十方聖賢，潛匿之處，隨其後者，往往見有奇異之人；此名山林、土地城隍、川嶽鬼神，年老成魔，或有宣淫破佛戒律，與承事者，潛行五欲；或有精進純食草木，無定行事，惱亂彼人，厭足心生，去彼人體，弟子與師，俱陷王難。汝當先覺，不入輪迴；迷惑不知，墮無間獄。」

「又善男子，受陰虛妙，不遭邪慮，圓定發明，三摩地中，心愛神通，種種變化，研究化元，貪取神力。爾時，天魔候得其便，飛精附人，口說經法，其人誠不覺知魔著，亦言自得無上涅槃，來彼求通善男子處，敷座說法。是人或復手執火光，手撮其光，分於所聽四衆頭上，是諸聽人，頂上火光，皆長數尺，亦無熱性，曾不焚燒；或上水行，如履平地；或於空中，安坐不動；或入瓶內，或處囊中，越牖透垣，曾無障礙，唯於刀兵，不得自在，自言是佛，身著白衣，受比丘禮，誹謗禪律，罵詈徒衆，訐露人事，不避譏嫌，口中常說神通自在，或復令人傍見佛土，鬼力惑人，非有真實，讚歎行淫，不毀麤行，將諸猥媟，以爲傳法；此名天地大力，山精、海精、風精、河精、土精，一切草木積劫精魅，或復龍魅，或壽終仙，再活爲魅，或仙期終，計年應死，其形不化，他怪所附，年老成魔，惱亂是人，厭足心生，去彼人體，弟子與師，多陷王難。汝當先覺，不入輪迴；迷惑不知，墮無間獄。」

「又善男子，受陰虛妙，不遭邪慮，圓定發明，三摩地中，心愛入滅，妍究化性，貪求深空。爾時，天魔候得其便，飛精附人，口說經法，其人終不覺知魔著，亦言自得無上涅槃，來彼求空善男子處，敷座說法；於大衆內，其形忽空，衆無所見，還從虛空，突然而出，存沒自在；或現其身，洞如琉璃，或垂手足作栴檀氣，或大小便，如厚石蜜，誹毀戒律，輕賤出家，口中常說：無因無果，一死永滅，無復後身，及諸凡聖，雖得空寂，潛行貪欲，受其欲者，亦得空心，撥無因果；此名日月，薄蝕精氣，金玉、芝草、麟鳳、龜鶴，經千萬年，不死爲靈，出生國土，年老成魔，惱亂是人，厭足心生，去彼人體，弟子與師，多陷王難。汝當先覺，不入輪迴；迷惑不知，墮無間獄。」

「又善男子，受陰虛妙，不遭邪慮，圓定發明，三摩地中，心愛長壽，辛苦研幾，貪求永歲，棄分段生，頓希變易，細相常住。爾時，天魔候得其便，飛精附人，口說經法，其人竟不覺知魔著，亦言自得無上涅槃，來彼求生善男子處，敷座說法；好言他方，往還無滯，或經萬里，瞬息再來，皆於彼方取得其物；或於一處，在一宅中，數步之間，令其從東詣至西壁，是人急行，累年不到，因此心信，疑佛現前，口中常說：十方衆生，皆是吾子，我生諸佛，我出世界，我是元佛，出生自然，不因修得；此名住世，自在天魔，使其眷屬，如遮文茶，及四天王、毗舍童子；未發心者，利其虛明，食彼精氣，或不因師，其修行人，親自觀見，稱執金剛，與汝長命，現美女身，盛行貪欲，未逾年歲，肝腦枯竭，口兼獨言，聽若妖魅，前人未詳，多陷王難，未及遇刑，先已乾死，惱亂彼人，以至殂殞。汝當先覺，不入輪迴；迷惑不知，墮無間獄。」

「阿難！當知是十種魔，於末世時，在我法中，出家修道，或附人體，或自現形，皆言已成正遍知覺；讚歎淫欲，破佛律儀，先惡魔師，與魔弟子，淫淫相傳。如是邪精，魅其心腑，近則九生，多踰百世，令真修行，總爲魔眷。命終之後，必爲魔民，失正遍知，墮無間獄。汝今未須先取寂滅，縱得無學，留願入彼末法之中，起大慈悲，救度正心深信衆生，令不著魔，得正知見，我今度汝，已出生死，汝遵佛語，名報佛恩。」

「阿難！如是十種禪那現境，皆是想陰，用心交互，故現斯事。衆生頑迷，不自忖量，逢此因緣，迷不自識，謂言登聖，大妄語成，墮無間獄。汝等必須將如來語，於我滅後，傳示末法，遍令衆生，開悟斯義，無令天魔得其方便，保持覆護，成無上道。」

大佛頂首楞嚴經卷第十

「阿難！彼善男子修三摩地，想陰盡者，是人平常，夢想銷滅，寤寐恒一，覺明虛靜，猶如晴空，無復麤重前塵影事。觀諸世間，大地河山，如鏡鑑明，來無所粘，過無蹤迹，虛受照應，了罔陳習，唯一精真。生滅根元，從此披露，見諸十方，十二衆生，畢殫其類，雖未通其各命由緒，見同生基，猶如野馬。熠熠清擾，爲浮根塵，究竟樞穴，此則名爲行陰區宇。若此清擾，熠熠元性，性入元澄，一澄元習，如波瀾滅，化爲澄水，名行陰盡。是人則能超衆生濁，觀其所由，幽隱妄想，以爲其本。」

「阿難！當知是得正知，奢摩他中，諸善男子，凝明正心，十類天魔，不得其便，方便精研，窮生類本。於本類中，生元露者，觀彼幽清，圓擾動元，於圓元中，起計度者，是人墜入二無因論。一者，是人見本無因。何以故？是人既得生機全破，乘於眼根八百功德，見八萬劫所有衆生，業流灣環，死此生彼，祇見衆生輪迴其處，八萬劫外，冥無所觀。便作是解：此等世間，十方衆生，八萬劫來，無因自有。由此計度，亡正遍知，墮落外道，惑菩提性。二者，是人見末無因。何以故？是人於生，既見其根，知人生人，悟鳥生鳥，烏從來黑，鵠從來白，人天本豎，畜生本橫，白非洗成，黑非染造，從八萬劫，無復改移。今盡此形，亦復如是，而我本來，不見菩提，云何更有成菩提事？當知今日，一切物象，皆本無因。由此計度，亡正遍知，墮落外道，惑菩提性；是則名爲第一外道，立無因論。」

「阿難！是三摩中諸善男子，凝明正心，魔不得便，窮生類本。觀彼幽清，常擾動元，於圓常中，起計度者，是人墜入四遍常論。一者，是人窮心境性，二處無因，修習能知，二萬劫中，十方衆生，所有生滅，咸皆循環，不曾散失，計以爲常。二者，是人窮四大元，四性常住，修習能知，四萬劫中，十方衆生，所有生滅，咸皆體恆，不曾散失，計以爲常。三者，是人窮盡六根，末那執受，心意識中，本元由處，性常恆故，修習能知，八萬劫中，一切衆生，循環不失，本來常住，窮不失性，計以爲常。四者，是人既盡想元，生理更無，流止運轉，生滅想心，今已永滅，理中自然，成不生滅，因心所度，計以爲常。由此計常，亡正遍知，墮落外道，惑菩提性。是則名爲第二外道，立圓常論。」

「又三摩中，諸善男子，堅凝正心，魔不得便，窮生類本，觀彼幽清，常擾動元，於自他中，起計度者，是人墜入四顛倒見，一分無常，一分常論。一者，是人觀妙明心，遍十方界，湛然以爲究竟神我，從是則計，我遍十方，凝明不動，一切衆生，於我心中，自生自死，則我心性，名之爲常，彼生滅者，真無常性。二者，是人不觀其心，遍觀十方恆沙國土，見劫壞處，名爲究竟，無常種性；劫不壞處，名究竟常。三者，是人別觀我心，精細微密，猶如微塵，流轉十方，性無移改，能令此身，即生即滅，其不壞性，名我性常；一切死生，從我流出，名無常性。四者，是人知想陰盡，見行陰流，行陰常流，計爲常性，色、受、想等，今已滅盡，名爲無常。由此計度，一分無常，一分常故，墮落外道，惑菩提性。是則名爲第三外道，一分常論。」

「又三摩中，諸善男子，堅凝正心，魔不得便，窮生類本，觀彼幽清，常擾動元，於分位中，生計度者，是人墜入四有邊論。一者，是人心計生元，流用不息，計過未者，名爲有邊；計相續心，名爲無邊。二者，是人觀八萬劫，則見衆生八萬劫前，寂無聞見，無聞見處，名爲無邊；有衆生處，名爲有邊。三者，是人計我遍知，得無邊性，彼一切人，現我知中，我曾不知彼之知性；名彼不得，無邊之心，但有邊性。四者，是人窮行陰空，以其所見，心路籌度，一切衆生，一身之中，計其咸皆半生半滅，明其世界，一切所有，一半有邊，一半無邊。由此計度，有邊無邊，墮落外道，惑菩提性。是則名爲第四外道，立有邊論。」

「又三摩中，諸善男子，堅凝正心，魔不得便，窮生類本，觀彼幽清，常擾動元，於知見中，生計度者，是人墜入四種顛倒，不死矯亂，遍計虛論。一者，是人觀變化元，見遷流處，名之爲變；見相續處，名之爲恆；見所見處，名之爲生；不見見處，名之爲滅；相續之因，性不斷處，名之爲增；正相續中，中所離處，名之爲滅；各各生處，名之爲有；互互亡處，名之爲無；以理都觀，用心別見，有求法人，來問其義，答言：我今亦生、亦滅，亦有、亦無，亦增、亦滅，於一切時，皆亂其語，令彼前人，遺失章句。二者，是人諦觀其心，互互無處，因無得證，有人來問，唯答一字，但言其無，除無之餘，無所言說。三者，是人諦觀其心，各各有處，因有得證，有人來問，唯答一字，但言其是，除是之餘，無所言說。四者，是人有無俱見，其境枝故，其心亦亂，有人來問，答言亦有，即是亦無，亦無之中，不是亦有，一切矯亂，無容窮詰。由此計度，矯亂虛無，墮落外道，惑菩提性。是則名爲第五外道，四顛倒性，不死矯亂，遍計虛論。」

「又三摩中，諸善男子，堅凝正心，魔不得便，窮生類本，觀彼幽清，常擾動元。於無盡流，生計度者，是人墜入死後有相，發心顛倒。或自固身，云色是我；或見我圓，含遍國土，云我有色；或彼前緣，隨我迴復，云色屬我；或復我依，行中相續，云我在色。皆計度言，死後有相，如是循環，有十六相，從此或計，畢竟煩惱，畢竟菩提，兩性並驅，各不相觸。由此計度，死後有故，墮落外道，惑菩提性。是則名為第六外道，立五陰中，死後有相，心顛倒論。」

「又三摩中，諸善男子，堅凝正心，魔不得便，窮生類本，觀彼幽清，常擾動元，於先除滅，色、受、想中，生計度者，是人墜入死後無相，發心顛倒。見其色滅，形無所因，觀其想滅，心無所繫，知其受滅，無後連綴，陰性銷散，縱有生理，而無受想，與草木同。此質現前，猶不可得，死後云何更有諸相？因之勘校，死後相無，如是循環，有八無相。從此或計，涅槃因果，一切皆空，徒有名字，究竟斷滅。由此計度，死後無故，墮落外道，惑菩提性。是則名為第七外道，立五陰中，死後無相，心顛倒論。」

「又三摩中，諸善男子，堅凝正心，魔不得便，窮生類本，觀彼幽清，常擾動元，於行存中，兼受想滅，雙計有無，自體相破，是人墜入死後俱非，起顛倒論。色、受、想中，見有非有，行遷流內，觀無不無，如是循環，窮盡陰界，八俱非相，隨得一緣，皆言死後，有相無相。又計諸行，性遷訛故，心發通悟，有無俱非，虛實失措。由此計度，死後俱非，後際昏瞢，無可道故，墮落外道，惑菩提性。是則名爲第八外道，立五陰中，死後俱非，心顛倒論。」

「又三摩中，諸善男子，堅凝正心，魔不得便，窮生類本，觀彼幽清，常擾動元，於後後無，生計度者，是人墜入七斷滅論。或計身滅，或欲盡滅，或苦盡滅，或極樂滅，或極捨滅；如是循環，窮盡七際，現前銷滅，滅已無復。由此計度，死後斷滅，墮落外道，惑菩提性。是則名爲第九外道，立五陰中，死後斷滅，心顛倒論。」

「又三摩中，諸善男子，堅凝正心，魔不得便，窮生類本，觀彼幽清，常擾動元，於後後有，生計度者，是人墜入五涅槃論。或以欲界，爲正轉依，觀見圓明，生愛慕故；或以初禪，性無憂故；或以二禪，心無苦故；或以三禪，極悅隨故；或以四禪，苦樂二亡，不受輪迴，生滅性故；迷有漏天，作無爲解，五處安隱，爲勝淨依，如是循環，五處究竟。由此計度，五現涅槃，墮落外道，惑菩提性。是則名爲第十外道，立五陰中，五現涅槃，心顛倒論。」

「阿難！如是十種禪那狂解，皆是行陰，用心交互，故現斯悟。衆生頑迷，不自忖量，逢此現前，以迷爲解，自言登聖，大妄語成，墮無間獄。汝等必須將如來語，於我滅後，傳示末法，遍令衆生，覺了斯義，無令心魔自起深孽，保持覆護，消息邪見；教其身心，開覺真義，於無上道，不遭枝岐，勿令心祈，得少爲足，作大覺王，清淨標指。」

「阿難！彼善男子，修三摩地，行陰盡者，諸世間性，幽清擾動，同分生機，倏然隳裂，沈細綱紐，補特伽羅，酬業深脈，感應懸絕。於涅槃天，將大明悟，如雞後鳴，瞻顧東方，已有精色。六根虛靜，無復馳逸，內外湛明，入無所入。深達十方，十二種類，受命元由；觀由執元，諸類不召，於十方界，已獲其同；精色不沈，發現幽祕，此則名爲識陰區宇。若於羣召，已獲同中，銷磨六門，合開成就，見聞通鄰，互用清淨。十方世界及與身心，如吠琉璃，內外明徹，名識陰盡。是人則能超越命濁，觀其所由，罔象虛無，顛倒妄想，以爲其本。」

「阿難！當知是善男子，窮諸行空，於識還元，已滅生滅，而於寂滅，精妙未圓，能令己身根隔合開，亦與十方諸類通覺，覺知通泯，能入圓元。若於所歸，立真常因，生勝解者，是人則墮，因所因執，娑毗迦羅，所歸冥諦，成其伴侶，迷佛菩提，亡失知見。是名第一，立所得心，成所歸果，違遠圓通，背涅槃城，生外道種。」

「阿難！又善男子，窮諸行空，已滅生滅，而於寂滅，精妙未圓。若於所歸，覽爲自體，盡虛空界，十二類內，所有衆生，皆我身中，一類流出。生勝解者，是人則墮；能非能執，摩醯首羅，現無邊身，成其伴侶，迷佛菩提，亡失知見。是名第二，立能爲心，成能事果，違遠圓通，背涅槃城，生大慢天，我遍圓種。」

「又善男子，窮諸行空，已滅生滅，而於寂滅，精妙未圓。若於所歸，有所歸依，自疑身心，從彼流出，十方虛空，咸其生起，既於都起，所宣流地，作真常身，無生滅解。在生滅中，早計常住，既惑不生，亦迷生滅，安住沈迷。生勝解者，是人則墮，常非常執，計自在天，成其伴侶，迷佛菩提，亡失知見。是名第三，立因依心，成妄計果，違遠圓通，背涅槃城，生倒圓種。」

「又善男子，窮諸行空，已滅生滅，而於寂滅，精妙未圓。若於所知，知遍圓故，因知立解，十方草木，皆稱有情，與人無異。草木爲人，人死還成十方草樹，無擇遍知。生勝解者，是人則墮，知無知執，婆吒霰尼，執一切覺，成其伴侶。迷佛菩提，亡失知見。是名第四，計圓知心，成虛謬果，違遠圓通，背涅槃城，生倒知種。」

「又善男子，窮諸行空，已滅生滅，而於寂滅，精妙未圓。若於圓融，根互用中，已得隨順，便於圓化，一切發生，求火光明，樂水清淨，愛風周流，觀塵成就，各各崇事，以此羣塵，發作本因，立常住解，是人則墮，生無生執。諸迦葉波，并婆羅門，勤心役身，事火崇水，求出生死，成其伴侶，迷佛菩提，亡失知見。是名第五，計著崇事，迷心從物，立妄求因，求妄冀果，違遠圓通，背涅槃城，生顛化種。」

「又善男子，窮諸行空，已滅生滅，而於寂滅，精妙未圓。若於圓明，計明中虛，非滅羣化，以永滅依，爲所歸依。生勝解者，是人則墮，歸無歸執，無相天中，諸舜若多，成其伴侶，迷佛菩提，亡失知見。是名第六，圓虛無心，成空亡果，違遠圓通，背涅槃城，生斷滅種。」

「又善男子，窮諸行空，已滅生滅，而於寂滅，精妙未圓。若於圓常，固身常住，同於精圓，長不傾逝。生勝解者，是人則墮，貪非貪執，諸阿斯陀，求長命者，成其伴侶，迷佛菩提，亡失知見。是名第七，執著命元，立固妄因，趣長勞果，違遠圓通，背涅槃城，生妄延種。」

「又善男子，窮諸行空，已滅生滅，而於寂滅，精妙未圓。觀命互通，卻留塵勞，恐其銷盡，便於此際，坐蓮華宮，廣化七珍，多增寶媛，縱恣其心。生勝解者，是人則墮，真無真執，吒枳、迦羅，成其伴侶，迷佛菩提，亡失知見。是名第八，發邪思因，立熾塵果，違遠圓通，背涅槃城，生天魔種。」

「又善男子，窮諸行空，已滅生滅，而於寂滅，精妙未圓。於命明中，分別精麤，疏決真僞，因果相酬，唯求感應，背清淨道，所謂見苦斷集，證滅修道，居滅已休，更不前進。生勝解者，是人則墮，定性聲聞，諸無聞僧，增上慢者，成其伴侶，迷佛菩提，亡失知見。是名第九，圓精應心，成趣寂果，違遠圓通，背涅槃城，生纏空種。」

「又善男子，窮諸行空，已滅生滅，而於寂滅，精妙未圓。若於圓融，清淨覺明，發研深妙，即立涅槃，而不前進。生勝解者，是人則墮，定性辟支，諸緣獨倫，不迴心者，成其伴侶，迷佛菩提，亡失知見。是名第十，圓覺淈心，成湛明果，違遠圓通，背涅槃城，生覺圓明，不化圓種。」

「阿難！如是十種禪那，中途成狂，因依迷惑，於未足中，生滿足證，皆是識陰，用心交互，故生斯位。衆生頑迷，不自忖量，逢此現前，各以所愛，先習迷心，而自休息，將爲畢竟，所歸寧地。自言滿足，無上菩提，大妄語成，外道邪魔，所感業終，墮無間獄。聲聞、緣覺，不成增進。汝等存心，秉如來道，將此法門，於我滅後，傳示末世，普令衆生，覺了斯義，無令見魔，自作沈孽。保綏哀救，消息邪緣，令其身心，入佛知見，從始成就，不遭岐路。如是法門，先過去世，恆沙劫中，微塵如來，乘此心開，得無上道。識陰若盡，則汝現前，諸根互用，從互用中，能入菩薩金剛乾慧，圓明精心，於中發化。如淨琉璃，內含寶月，如是乃超十信、十住、十行、十迴向、四加行心，菩薩所行，金剛十地，等覺圓明。入於如來妙莊嚴海，圓滿菩提，歸無所得，此是過去先佛世尊，奢摩他中毗婆舍那，覺明分析，微細魔事。魔境現前，汝能諳識，心垢洗除，不落邪見。陰魔銷滅，天魔摧碎，大力鬼神，褫魄逃逝，魑魅魍魎，無復出生。直至菩提，無諸少乏，下劣增進，於大涅槃，心不迷悶。若諸末世愚鈍衆生，未識禪那，不知說法，樂修三昧，汝恐同邪，一心勸令，持我佛頂陀羅尼咒，若未能誦，寫於禪堂，或帶身上，一切諸魔所不能動。汝當恭欽十方如來，究竟修進，最後垂範。」

阿難即從坐起，聞佛示誨，頂禮欽奉，憶持無失。於大衆中，重復白佛：「如佛所言，五陰相中，五種虛妄，爲本想心，我等平常，未蒙如來微細開示。又此五陰，爲併銷除？爲次第盡？如是五重，詣何爲界？惟願如來，發宣大慈，爲此大衆，清明心目，以爲末世一切衆生，作將來眼。」

佛告阿難：「精真妙明，本覺圓淨，非留死生，及諸塵垢，乃至虛空，皆因妄想之所生起。斯元本覺，妙明真精，妄以發生，諸器世間，如演若多，迷頭認影。妄元無因，於妄想中，立因緣性，迷因緣者，稱爲自然，彼虛空性，猶實幻生，因緣自然，皆是衆生妄心計度。阿難！知妄所起，說妄因緣，若妄元無，說妄因緣，元無所有。何況不知，推自然者？是故如來與汝發明：五陰本因，同是妄想。汝體先因，父母想生，汝心非想，則不能來，想中傳命。如我先言：心想醋味，口中涎生，心想登高，足心酸起；懸崖不有，醋物未來，汝體必非，虛妄通倫，口水如何因談醋出？是故當知，汝現色身，名爲堅固，第一妄想。即此所說，臨高想心，能令汝形，真受酸澀。由因受生，能動色體，汝今現前，順益違損，二現驅馳，名爲虛明，第二妄想。由汝念慮，使汝色身，身非念倫，汝身何因？隨念所使，種種取像，心生形取，與念相應。寤即想心，寐爲諸夢，則汝想念，搖動妄情，名爲融通，第三妄想。化理不住，運運密移，甲長髮生，氣銷容皺，日夜相代，曾無覺悟。阿難！此若非汝，云何體遷？如必是真，汝何無覺？則汝諸行，念念不停，名爲幽隱，第四妄想。又汝精明，湛不搖處，名恆常者，於身不出，見聞覺知，若實精真，不容習妄。何因汝等，曾於昔年，睹一奇物，經歷年歲，憶忘俱無，於後忽然，覆睹前異，記憶宛然，曾不遺失？則此精了，湛不搖中，念念受熏，有何籌算？阿難！當知此湛非真，如急流水，望如恬靜，流急不見，非是無流，若非想元，寧受妄習？非汝六根，互用合開，此之妄想，無時得滅。故汝現在見聞覺知，中串習幾，則湛了內，罔象虛無，第五顛倒，細微精想。」

「阿難！是五受陰，五妄想成，汝今欲知因界淺深，唯色與空，是色邊際；唯觸及離，是受邊際；唯記與忘，是想邊際；唯滅與生，是行邊際；湛入合湛，歸識邊際。此五陰元，重疊生起，生因識有，滅從色除。理則頓悟，乘悟併銷；事非頓除，因次第盡。我已示汝，劫波巾結，何所不明，再此詢問？汝應將此，妄想根元，心得開通，傳示將來末法之中，諸修行者，令識虛妄，深厭自生，知有涅槃，不戀三界。」

「阿難！若復有人，遍滿十方，所有虛空，盈滿七寶，持以奉上微塵諸佛，承事供養，心無虛度。於意云何？是人以此施佛因緣，得福多不？」阿難答言：「虛空無盡，珍寶無邊，昔有眾生，施佛七錢，捨身猶獲轉輪王位，況復現前，虛空既窮，佛土充遍，皆施珍寶，窮劫思議，尚不能及，是福云何，更有邊際？」

佛告阿難：「諸佛如來，語無虛妄。若復有人，身具四重十波羅夷，瞬息即經此方他方，阿鼻地獄，乃至窮盡十方無間，靡不經歷。能以一念，將此法門，於未劫中，開示未學，是人罪障，應念銷滅，變其所受地獄苦因，成安樂國。得福超越前之施人，百倍千倍，千萬億倍，如是乃至算數、譬喻所不能及。阿難！若有衆生，能誦此經，能持此咒，如我廣說，窮劫不盡，依我教言，如教行道，直成菩提，無復魔業。」

佛說此經已，比丘、比丘尼、優婆塞、優婆夷，一切世間天人、阿修羅，及諸他方菩薩、二乘、聖仙、童子，并初發心大力鬼神，皆大歡喜，作禮而去。

國家圖書館出版品預行編目資料

大佛頂首楞嚴經／（唐）天竺沙門般剌密諦翻譯. --
1 版. -- 新北市：華夏出版有限公司, 2022.08
面； 公分. --（Sunny 文庫；245）
ISBN 978-626-7134-28-3（平裝）
1.CST：密教部

221.94 111008724

Sunny 文庫 245

大佛頂首楞嚴經

翻　譯　（唐）天竺沙門般剌密諦
印　刷　百通科技股份有限公司
電話：02-86926066 傳真：02-86926016
出　版　華夏出版有限公司
220 新北市板橋區縣民大道 3 段 93 巷 30 弄 25 號 1 樓
電話：02-32343788 傳真：02-22234544
E-mail： pftwsdom@ms7.hinet.net
總 經 銷　貿騰發賣股份有限公司
新北市 235 中和區立德街 136 號 6 樓
電話：02-82275988 傳真：02-82275989
網址：www.namode.com
版　次　2022 年 8 月 1 版
特　價　新台幣 360 元 (缺頁或破損的書，請寄回更換)

ISBN： 978-626-7134-28-3